Adam Phillips
SOBRE QUERER MUDAR

TRADUÇÃO **ANA CAROLINA MESQUITA**

Para Seth Phillips

Ao entender e cooperar com os propósitos de Deus, os homens acreditavam que poderiam escapar das forças cegas que pareciam reger o mundo, escapar do próprio tempo; poderiam se libertar.

CHRISTOPHER HILL, *O mundo de ponta-cabeça*

Vamos – meio como esse cão,
seguindo ao sabor do acaso.

DENISE LEVERTOV, "Por terra, a caminho das ilhas"

As pessoas pagam pelo que fazem e, ainda mais, pelo que se permitiram se tornar.

JAMES BALDWIN, *Sem nome na rua*

Minha incapacidade de me expressar
é assombrosa.

MARY RUEFLE, "Canção de ninar"

11	PREFÁCIO
16	HISTERIA DE CONVERSÃO
43	MUDANÇAS-SURPRESA
70	CONVERTER A POLÍTICA
96	ACREDITE SE QUISER
121	CODA
125	AGRADECIMENTOS
126	SOBRE O AUTOR

Prefácio

Estamos mudando o tempo todo – envelhecendo cada vez mais, quer queiramos ou não –, ao mesmo tempo que, com frequência, queremos escolher, ou até mesmo projetar, as formas como mudamos. Agora que a mudança sazonal foi substituída pela mudança tecnológica e pela mudança climática, e agora que parece não haver, no futuro que se vislumbra, uma alternativa à ordem mundial capitalista, nossa própria noção das mudanças que são preferíveis, ou mesmo possíveis, vem mudando. Pode-se buscar a mudança por meio da política ou da terapia, da religião ou da aptidão física, da produtividade e do crescimento, dos relacionamentos ou do celibato, ou da arte e da ciência. Mas hoje está óbvio que a mudança é um objeto de desejo, embora, é claro, a mudança preferível seja aquela que se quer.

De fato, uma das características que definem as sociedades modernas é a ampla gama de convites para nos desenvolvermos; com a transformação do "crescimento pessoal" em mercadoria, há muitas opções à venda para ajudar as pessoas a aperfeiçoarem a melhor versão de si mesmas (ou o que elas julgam ser essa melhor versão). Se nada revela mais sobre uma época, uma cultura ou um indivíduo do que suas fantasias de mudança – o modo como imaginam e descrevem as mudanças que desejam em relação àquelas que consideram se situar além de seu controle –, deveríamos estar sempre atentos a como concebemos a mudança. E atentos ao modo como nossa concepção da mudança muda ao longo do tempo. De fato, uma das coisas mais intrigantes que precisamos reconhecer é que nossa concepção da mudança muda o tempo todo.

Ao concebermos a mudança hoje, temos à disposição teorias da evolução e do desenvolvimento natural (genética e ciclo de vida), teorias do trauma, histórias, ideologias políticas, crenças religiosas, investigações filosóficas, as artes e as ciências; além da mistura e da combinação de tudo isso na psicanálise e nas chamadas psicoterapias. Assim, a história que quero contar neste livro – e na sequência, *On Getting Better* [Sobre melhorar] – diz respeito aos vínculos que podemos estabelecer entre o drama tradicional, e originalmente religioso, das experiências de conversão – como um tipo de paradigma de mudança profunda para melhor – e as mudanças em geral menos dramáticas concebidas pelas psicoterapias contemporâneas, em especial pela psicanálise. E a como passamos da linguagem da conversão para uma desconfiança, na era moderna, das chamadas "terapias de conversão" e, com efeito, para os temores contemporâneos mais amplos sobre o quão intratável ou manipulável é a assim chamada natureza humana.

Em outros tempos, a conversão representava a instância de mudança pessoal e cultural mais profunda que poderia existir; porém tornou-se, para algumas pessoas, a descrição mais perniciosa e perturbadora dos tipos de mudança de que somos capazes. Quer se trate de conversão ao fundamentalismo religioso, ao comunismo, ao lucro ou à identidade de gênero, muitos agora partem do princípio de que converter pessoas é a pior coisa que fazemos (a intimidação e a humilhação são conversões forçadas). E, no entanto, conforme veremos, a ideia de conversão é essencial para os relatos contemporâneos de transformação pessoal, tal como o era nos primórdios da psicanálise e do pragmatismo de William James (o pragmatismo de James – no qual a verdade é julgada por suas consequências práticas e não por suas origens – e a relação dele com a experiência da conversão são tratados no capítulo final de *On Getting Better*). Tanto a psicanálise como o pragmatismo americano são motivados pelo desejo de ajudar o indivíduo a manter as coisas em movimento. Para Freud e James, o inimigo do prazer e do crescimento era a estagnação, o vício, a fixidez, a estase. Eles nos ensinam sobre as tentações do embrutecimento, o fascínio da inércia, o desejo de atacar nosso próprio desenvolvimento; e sugerem, como veremos, a facilidade com que as experiências de conversão se transformam no anseio por uma mudança que, de uma vez por todas, pusesse um fim à necessidade de mudar; uma mudança na direção do que é, para todos os efeitos, uma paralisia satisfatória e tranquilizadora (os convertidos ao fundamentalismo religioso não deveriam se converter em mais nada depois). Freud e James sugerem, de formas significativamente diferentes, que somos assim ambivalentes em relação à mudança porque não temos outra escolha a não ser mudar (como se, paradoxalmente, o fato de mudarmos fosse a maior ameaça à nossa liberdade). Assim, a psicanálise e o pragmatismo buscam fazer da vontade[1] de mudar algo atraente e inspirador, em vez de um impulso inevitável, biológico e evolutivo, ou o destino. Promovem – o pragmatismo americano muito mais do que a psicanálise – a ideia estranhamente radical e moderna de que o modo como queremos mudar pode ter algo a ver com o modo como mudamos. A mudança como escolha e não como destino. A mudança como algo

---

1 Em inglês, o termo *want*, quando usado como verbo, significa "querer"; quando usado como substantivo, está ligado à noção de "carência". Nesta edição, onde se lê "querer" e "vontade" – ambas usadas como tradução de *want* ou *wanting* –, deve-se ter em conta o sentido latente de "falta" e "carência". Nas passagens em que esse último predominava, o termo foi traduzido como "falta" ou "fazer falta", seguido de colchetes com a expressão original. A ideia de "querer mudar" que norteia o livro ecoa, portanto, o sentido de ansiar pela mudança como necessidade básica. [N. E.]

que produzimos. Portanto, quando falamos em mudança, é preciso reconhecer que, sem o pragmatismo americano, a psicanálise – e todas as outras chamadas psicoterapias – pode não passar de um moralismo coercitivo e preventivo. Em outras palavras, há duas perguntas pragmáticas a se fazer sobre qualquer teoria psicanalítica ou psicológica, perguntas que a pessoa convertida sempre acredita já ter respondido: como minha vida seria melhor se eu acreditasse nisso? E acreditar nisso me ajudaria a ter a vida que quero? Tais perguntas, é claro, abrem novas conversas sobre quais são meus critérios para uma boa vida e de onde tirei esses critérios; todas fundamentadas pela ideia de inconsciente, por aquilo que nosso saber e nosso querer estão, de fato, enfrentando. Estamos sempre envolvidos, ou deveríamos estar, no ato de oferecer e pedir boas razões para mudar.

Portanto, este livro investiga a ideia das experiências de conversão como um todo, incluindo relatos tanto de sua história como do fascínio que exercem. Explora como e por que a conversão tem sido uma imagem tão útil, além de uma analogia, para os processos de transformação (mas sempre tendo em mente a observação do historiador Hugh Trevor-Roper de que "não existe isso de ruptura total"). Em *On Getting Better*, sequência e complemento deste livro, examino o equivalente, para a psicanálise, mas não apenas para a psicanálise, da experiência de conversão religiosa tradicional, que é a noção de cura. Em seguida, consideram-se algumas das auto-curas modernas disponíveis – a cura pela evasão ("Sobre não ter experiências"), a cura pelo prazer ("Prazeres insatisfatórios") e a cura pela verdade ("A verdade da psicanálise"). Evasão, prazer e verdade são considerados, de diversas formas, curativos e inerentes aos modos como queremos mudar; e, assim, oferecem a oportunidade de refletir sobre o que em nós pode estar precisando de cura (ou de prazer) e por que "cura" parece ser o termo para aquilo que, em certas circunstâncias, pensamos querer. *On Getting Better* termina com um capítulo sobre William James ("Mudança frouxa"), sua perspectiva da ideia de conversão e a maneira que ele encontrou de romper com seu encanto, para nos fazer pensar de forma diferente sobre as mudanças que queremos e por que talvez as queiramos.

Portanto, cada capítulo de ambos os livros é concebido como um ensaio independente e um episódio interligado de uma história sobre histórias de mudança (episódios podem ser mais úteis do que estágios – ou mesmo desenvolvimento e crescimento, ou continuidades em geral – para descrever as mudanças que queremos e as que não queremos). Quando falamos sobre mudança, estamos falando sobre nossas normas preferidas, os padrões pelos quais queremos viver, aquilo que preferimos conceber como normal. Então não existe terapia que não seja normativa, nenhuma que não queira nos dizer como devemos viver e quem devemos ser (e quais tipos de mudança devem ser preferidas). A questão é apenas quais dessas normas preferimos e por quê. Querer mudar diz respeito tanto ao nosso querer, e como o descrevemos, quanto às mudanças que queremos. Melhorar significa compreender o que queremos melhorar.

Quando preferimos pensar em nossas vidas como mitos de progresso, em que nos aperfeiçoamos cada vez mais na realização do nosso assim chamado potencial; ou, ao contrário, como mitos de degeneração – de decadência, luto e perda (o envelhecimento visto como a perda da juventude, e assim por diante) –, estamos também traçando um enredo para nossas vidas. Dando-lhes uma forma e um propósito conhecidos e cognoscíveis; fornecendo a nós mesmos diretrizes, quando não projetos, do que podemos ser e nos tornar. Não que nossas vidas sejam determinadas pelas descrições que fazemos delas; porém tais descrições exercem um efeito, por mais enigmático ou imperceptível que ele seja. E não há descrição de uma vida sem um relato das mudanças que são possíveis dentro dela. Ou seja, existem as histórias que contamos sobre a mudança e a forma como realmente mudamos, e nem sempre as duas coisas coincidem ou se combinam. Este livro, e sua sequência, são sobre esse fato.

Histeria de conversão

I

O mais animador nas pessoas é sua terrível teimosia e as raízes poderosas de suas várias culturas, não a facilidade com que se pode convertê-las e torná-las felizes e boas.
WILLIAM EMPSON, agosto de 1940

No dia 2 de outubro de 2012, o *Guardian* noticiou que "a maior associação profissional de psicoterapeutas da Grã-Bretanha" – a British Association for Couselling and Psychotherapy (BACP), com mais de 30 mil associados – "instruíra seus membros de que buscar 'converter' pessoas gays a se tornarem heterossexuais era antiético, formalizando uma alteração de sua política que vinha há tempos sendo cobrada pelas organizações de direitos humanos".[1] É óbvio que, se há tempos vinha sendo cobrada pelas organizações de direitos humanos, desde há muito já se tratava de uma questão problemática; havia terapeutas que acreditavam que pessoas gays

---

1 Peter Walker, "'Conversion Therapy' for Gay Patients Unethical, Says Professional Body". *The Guardian*, 1 out. 2012. Disponível em: theguardian.com/society/2012/oct/01/conversion-therapy-gay-patients-unethical.

poderiam e deveriam ser convertidas, e convertidas à heterossexualidade; ou seja, tinha quem acreditasse que a heterossexualidade era, em si, algo ao qual se poderia converter as pessoas.

Segundo o *Guardian*, a BACP escrevera a seus membros para informá-los das novas diretrizes; a carta oficial dizia que a BACP "opõe-se a quaisquer tratamentos psicológicos tais como terapias 'reparadoras' ou 'de conversão', baseadas na suposição de que a homossexualidade é um distúrbio mental ou na premissa de que o/a cliente/paciente deve modificar sua sexualidade". Ainda citando o *Guardian*, a carta acrescentava que a diretiva da Organização Mundial de Saúde (OMS) era que "tais terapias podem causar danos severos à saúde mental e física dos indivíduos". Mais uma vez, somos levados a supor que, se instâncias mais poderosas foram citadas aqui – a OMS –, é porque as terapias de "conversão" eram um problema de longa data; é porque ainda havia um número razoável de terapeutas partidários da ideia de que a homossexualidade era um distúrbio mental e de que pessoas com distúrbios mentais deveriam ser convertidas. Devemos observar também a associação entre terapias "reparadoras" e "de conversão": ambas insinuam que algo deu radicalmente errado, que há algo a ser consertado, que decisões erradas foram tomadas e que existe alguém que sabe qual é a decisão certa; as ideias de reparação e de pecado original são necessariamente conjugadas e têm a conversão como seu complemento tradicional.

Em seu contexto religioso, a conversão, em geral, é tida como a reparação de algo; embora, conforme veremos, trate-se de uma palavra que vaticine diversos tipos diferentes de mudança – todas radicais, porém nem todas reparadoras. É um conceito razoavelmente móvel e adaptável, uma palavra que pode ser utilizada (convertida) em muitos contextos – econômicos, científicos, psicológicos. Edificações, moedas e energias podem ser convertidas. E, como veremos, para Freud, nos primórdios da psicanálise, conversão e sexualidade estavam necessariamente vinculadas. Portanto, este capítulo trata do que falamos quando falamos em conversão e de por que sentimos o que sentimos a seu respeito. Ou, dito de outro modo, este capítulo indaga como saber, ao mudarmos, se estamos sendo convertidos ou não, e que imagem isso pode formar de como mudamos e de como somos mudados. Qual tipo de mudança é inevitável e qual tipo de mudança é possível em uma vida? Somos os únicos animais para quem a mudança radical pode se constituir em objeto de desejo. E costumamos exibir o ápice da nossa ambivalência em relação aos objetos de desejo.

De modo que é preciso indagar aqui o que se presume que seja, ou como se supõe que seja, a chamada orientação sexual, uma vez que há quem contemple a conversão como opção de tratamento. E, claro – e este será um dos temas deste livro –, como visualizamos, como imaginamos, um processo de conversão, de maneira que uma pessoa seja transformada de uma forma de vida para outra bastante diferente; como um conjunto de crenças de base pode ser substituído por outro à primeira vista mais convincente, persuasivo ou atraente – é difícil saber qual é sempre a palavra –, admitindo que as pessoas se convertem sempre ao que é preferível. As pessoas só se convertem do tipo de coisa, e para o tipo de coisa, que lhes parece mais importante – nesse caso sua sexualidade, embora um dia já tenha sido suas convicções religiosas, ambas agora borradas e sobrepostas, podendo ou não florescer na mesma sebe. De fato, a ideia de conversão suscita questões fundamentais sobre o que significa algo se tornar outra coisa e alguém se tornar outra pessoa; isso envolve, sem dúvida, a suposição básica de que uma pessoa deve ser algo – algo reconhecível, identificável, discernível – para que assim possa ser modificada.

A conversão, portanto, nunca é nada menos que séria; supõe-se que não é real se for casual, passageira ou encarada de forma leviana. Falamos em monogâmicos em série e assassinos em série, mas não em convertidos em série. Contudo, a conversão, que já foi, há bem pouco tempo, uma de nossas formas de transformação pessoal mais socialmente sancionadas, tornou-se uma das mais suspeitas, levando-nos a refletir sobre quais tipos de mudança pessoal podemos exatamente valorizar e por quê; quais tipos de mudança consideramos desejáveis; e quais poderiam ser nossos critérios para definir as formas de transformação pessoal dignas de nosso apoio e endosso. (Ou seja, o que estamos dispostos a permitir que as pessoas façam umas às outras.) Em síntese, que tipos de influência queremos que as pessoas exerçam umas sobre as outras. Da Alemanha de Hitler à Rússia de Stálin, passando pelos campos de treinamento maoístas e à vertente fundamentalista do Islã, tivemos, na era moderna, exemplos aparentemente apavorantes da vontade e do desejo de converter nações inteiras, de criar novos homens e mulheres. E esses exemplos nos deixaram devidamente céticos não apenas quanto à possibilidade de mudança radical mas também quanto a desejá-la. Será que aqueles que buscam a conversão seriam, por definição, de certa maneira, deficientes ou até mesmo doentes? O que acrescenta à conversa chamá-los de doentes, destituídos ou depravados? E que destituição é essa que a conversão seria capaz de amenizar ou apaziguar? Para quais tipos de frustração as experiências de conversão representariam uma autocura? Hoje, por exemplo, ninguém vê com bons olhos a conversão para o fundamentalismo islâmico – a não ser, é claro, os muçulmanos fundamentalistas –, porém é tanto a própria religião como o processo de conversão que passaram a nos perturbar. Será que nos sentiríamos melhor se esses jovens rapazes e moças jihadistas tivessem se convertido lentamente ao longo de um curso de três anos em estudos islâmicos na Universidade de Oxford? Por que a mudança incremental, evolutiva seria preferível à revelação ou à revolução?

É evidente que muito depende de como as pessoas mudam e são mudadas, bem como quais tipos de transformação uma dada cultura promove e, seguindo a mesma lógica, quais tipos de transformação essa mesma cultura contesta e menospreza. Que tipo de relacionamento, por exemplo, entre um estudante e a literatura que ele estuda deixaria seus professores ou colegas pouco à vontade? Ou em que sentido poderíamos ser convertidos à multiplicidade de vozes e textos que tanto resistem como convidam à interpretação e que denominamos literatura (poderíamos ser convertidos com bem mais facilidade à psicanálise)? Desse modo, é possível indagar, digamos, no departamento de estudos literários de uma universidade, qual tipo de experiência queremos que os alunos de literatura tenham, se concluirmos que não queremos vê-los ser convertidos ao estudo da literatura, seja lá o que isso possa implicar. Se um aluno de literatura acaba querendo virar um acadêmico ou um escritor, em que sentido ele foi convertido e em que sentido foi outra coisa que aconteceu? E como podemos descrever essa outra coisa? O que é não ser convertido a algo, mas sentir que esse algo é, em certo sentido, sua vocação? Afinal de contas, esperava-se que o estudo da literatura (bem como algumas das terapias mais seculares) fosse para algumas pessoas um substituto ou uma permuta para a crença religiosa, e as duas coisas para as quais a sensibilidade religiosa mais atina são as tentações da heresia e as possibilidades de conversão. Logo, essas são duas perguntas que podem ser suscitadas por uma reflexão sobre a conversão.

De modo geral, liberais preferem a educação à conversão – não raro insinuam que uma é o antídoto da outra – e por isso preferem/ preferimos o diálogo ao aprendizado mecânico, as múltiplas perspectivas às explicações únicas, o dissenso à conformidade e, às vezes, a descrição à explicação. É, creio eu, essencial para as sociedades liberais supor que educação e conversão são coisas distintas, se não efetivamente conflitantes. Nas culturas liberais, as pessoas não são educadas tendo em vista sua conversão, apesar do paradoxo inelutável de talvez serem convertidas ao liberalismo. Em *Sobre a liberdade*, John Stuart Mill apresenta aquela que se tornou a posição clássica do liberalismo:

> Que a humanidade não é infalível; que suas verdades, na maior parte, são apenas meias-verdades; que uma unanimidade de

opinião, a não ser que resulte da maior e mais livre comparação entre opiniões opostas, não é desejável; que a diversidade não é um mal, mas um bem, até que a humanidade esteja muito mais capacitada do que atualmente para reconhecer todos os lados da verdade, são princípios aplicáveis aos modos de agir do homem, não menos do que o são suas opiniões. Assim como é útil que, enquanto a humanidade é imperfeita, deva haver opiniões diferentes, da mesma maneira deve haver diferentes experiências de vida; diferentes campos de ação deveriam corresponder às variedades de caráter, menos o de injuriar os outros; e deveria ser possível experimentar na prática o valor de diferentes modos de vida, se alguém achar que está capacitado a tentá-los.[2]

Creio que se pode dizer que a conversão não é vista como algo que se encaixe no que Mill chama de experiências de vida. E, de fato, que aqueles que buscam converter os outros não acreditam convertê-los a meias-verdades (as pessoas se convertem a coisas que cheiram a infalibilidade). Em suma, a conversão tende a ser vista como uma cura para o ceticismo; um estreitamento da mente que liberta a mente. Liberta-a, pode-se dizer, do tipo de complexidade – o regozijo na complicação, na diversidade, na contradição – que Mill considera parte da boa vida liberal (é digno de nota que ele use o termo "conversão" com parcimônia em *Sobre a liberdade*, e sempre em um contexto secular: ele o usa, por exemplo, para dizer ser "importante propiciar o maior âmbito possível às coisas não costumeiras, para que, a seu tempo, surjam entre elas aquelas que são adequadas a se converterem em costumes";[3] converter coisas não costumeiras em costumes, sugerindo, como com frequência

---

2 John Stuart Mill, "Sobre a liberdade" [1859], in *Sobre a liberdade e a sujeição das mulheres*, trad. Paulo Geiger. São Paulo: Penguin Companhia, 2017, pp. 109–10.

3 Ibid., p. 121.

é o caso, que a conversão vai ao encontro da permanência, da continuidade recém-descoberta). Que, seja lá o que mais se acredite ser um etos liberal, uma educação liberal, não se aceita que seja uma experiência de conversão, nem de nada que conduza a uma experiência de conversão; e decerto que não seja uma experiência de conversão aos valores liberais. Isto é, toma-se por certo, em geral, que o liberalismo, por definição, não é algo ao qual alguém se converte. Contudo, evidentemente podemos pensar em nós mesmos, conforme afirmo, como tendo sido convertidos pelo liberalismo em indivíduos que desconfiam de experiências de conversão. De fato, de muitas maneiras, uma educação baseada nas artes liberais visa nos armar contra a conversão como objeto de desejo.

Os liberais acreditam que a liberdade nasce do reconhecimento da excentricidade, da complexidade e das nuances; que, conforme afirma Mill, "pessoas diferentes também requerem condições diferentes quanto a seu desenvolvimento espiritual; e não podem existir de forma saudável numa mesma moral para todos mais do que todas as variedades de plantas poderiam existir fisicamente na mesma atmosfera e no mesmo clima".[4] Mill quase chega a propor que todo consenso é um consenso forçado; o consenso para ele deveria sempre suscitar desconfiança (até que ponto pessoas alinhadas de fato pensam de modo alinhado?). Ele quer nos fazer desconfiar do nosso desejo aparentemente natural de possuir coisas em comum, como se a concordância fosse um conluio facilmente disfarçado e os interesses comuns fossem formas de conformidade intencional. Realmente, o liberalismo que ele advoga nos estimula a perguntar não o que possuímos em comum, mas o que queremos ter em comum, e por quê. E que uso estamos dando ao fato de termos coisas em comum?

A conversão nos converte a um novo mundo compartilhado, com novos propósitos compartilhados. A conversão é sempre conversão a

---

4　Ibid., pp. 121–22.

um grupo. Assim, o que está em jogo quando falamos em conversão e no tipo de histeria que ela é capaz de, ao mesmo tempo, curar e evocar é o que as pessoas deveriam estar fazendo juntas e como deveriam se influenciar, afetar-se umas às outras, bem como o que nelas deveria ser assim influenciado. O que Mill quer em *Sobre a liberdade* é que os indivíduos sejam "menos capazes, consequentemente, de se adaptarem, sem dolorosa constrição, a qualquer um dos poucos moldes que a sociedade provê para dispensar seus membros do contratempo de formar seu próprio caráter".[5] Ele quer que desconfiemos da tentação de nos encaixarmos em qualquer um dos poucos moldes fornecidos pela sociedade (sugerindo que as sociedades fornecem sempre e somente um número bem limitado de moldes). Para o liberal mais secular, em geral a experiência de conversão, qualquer que fosse, não passaria da conformação a um dos poucos moldes disponíveis (Mill, claro, tinha ciência do trocadilho entre molde [*mould*] e mofo [*mould*] e da sugestão implícita de desumidificar a conformidade). Porém os convertidos, é claro, não veem a si próprios como indivíduos que foram comprimidos ou encaixados em um molde; certamente sentem que foram soltos, iluminados ou libertados. A conversão, assim, sempre envolve certo essencialismo, de uma maneira ou de outra. Os convertidos sabem com absoluta certeza o que é valioso e como deve ser valorizado. Passam a viver em uma nova verdade que transforma todas as demais supostas verdades em falsas, enganosas e corruptas. Para os convertidos, os não convertidos estão sempre falhando de algum modo e causando algum mal. Para aqueles terapeutas heterossexuais que praticavam a terapia de conversão, a homossexualidade era prejudicial, no sentido mais pleno.

Portanto, na declaração feita por seu conselho administrativo, a British Association for Counselling and Psychotherapy estava firmemente ao lado do liberalismo de Mill. "A BACP crê", lia-se ali,

---

5 Ibid., p. 118.

que atitudes socialmente inclusivas e isentas de julgamentos em relação a pessoas que se identificam em qualquer ponto do espectro diverso de sexualidades humanas terão consequências positivas tanto para tais indivíduos como para a sociedade na qual vivem. Não há razões científicas, racionais ou éticas para dispensar, às pessoas que se identificam dentro de um espectro de sexualidades humanas, um tratamento diferente daquele dispensado às que se identificam unicamente como heterossexuais.

Tal como Mill, a BACP acredita que não apenas o indivíduo, mas a sociedade como um todo é beneficiária de sexualidades diversas, o que em si constitui um julgamento, apesar de promover atitudes supostamente "isentas de julgamento". As terapias de conversão são contrárias à diversidade. Segundo Peter Walker, jornalista do *Guardian*, elas estão

> em geral associadas aos grupos evangélicos nos Estados Unidos. Há tempos se supunha que a maioria dos terapeutas e psicoterapeutas do Reino Unido reconhecia que elas haviam caído em amplo descrédito. Uma pesquisa de 2009 com 1300 terapeutas, psicanalistas e psiquiatras descobriu, porém, que mais de duzentos deles já haviam tentado modificar a orientação sexual de ao menos um paciente, enquanto 55 afirmaram ainda oferecer tal terapia.[6]

Precisamos ser capazes de distinguir patologização de intimidação. Talvez não devêssemos nos surpreender tanto com o fato de que a noção toda de conversão, de certo modo tão tradicional e familiar para nós devido a seu envolvimento (religioso) com o sofrimento, tenha fincado terreno até mesmo em terapias aparentemente liberais e seculares. Tampouco o fato de que a orientação sexual seja

---

6 P. Walker, "'Conversion Therapy' for Gay Patients Unethical, Says Professional Body", op. cit.

tratada como algo correlato à orientação religiosa, como se, para muitos indivíduos modernos, sua orientação sexual fosse o equivalente contemporâneo de uma identidade religiosa.

Philip Hodson, um porta-voz da BACP, afirmou após um de seus membros ter sido expulso por oferecer "terapia de conversão": "Para mim, como terapeuta, parecia inconcebível que alguém que tivesse se formado e se tornado responsável pudesse agir dessa maneira. Fiquei bastante chocado que um membro praticasse terapia de conversão. Para mim, esse tipo de coisa só acontecia nas partes mais doidas dos Estados Unidos". Podemos nos indagar o que a indignação de Hodson busca proteger aqui, o que exatamente ele precisa distanciar de si mesmo e da BACP. Presume-se que sejam as "partes mais doidas dos Estados Unidos", bem como aquilo que, no seio de uma formação que torna as pessoas "responsáveis", poderia levá-las a incluir algo como a terapia de conversão em sua prática profissional. Sem dúvida, hoje, nas sociedades seculares liberais – aquelas em que houve o que Philip Rieff denominou, de modo memorável, "o triunfo do terapêutico" –, qualquer terapia que oferecesse experiências de conversão seria considerada nada menos que infame: a conversão caiu totalmente em desgraça como uma boa narrativa sobre como as pessoas deveriam mudar umas às outras, ou sobre como as pessoas mudam ou, nos termos de Mill, formam seu próprio caráter. "De modo geral", escreveu Freud em 1920, sem dúvida com certa ironia, "a empresa de transformar em heterossexual um homossexual plenamente desenvolvido não é mais promissora do que a contrária."[7]

Atualmente temos narrativas bastante diferentes sobre as formas aceitáveis de mudança, bem como sobre os efeitos que se deveria permitir que as pessoas exercessem umas sobre as outras.

---

7 Sigmund Freud, "Sobre a psicogênese de um caso de homossexualidade feminina" [1920], in *Obras completas*, v. 15, trad. Paulo César de Souza. São Paulo: Companhia das Letras, 2011, p. 75.

É a diferença, digamos, entre violência e persuasão. Além disso, nos tornamos extremamente resguardados do uso de palavras e de intimidação verbal para passar a perna nos outros, para seduzi-los, manipulá-los, explorá-los, como se nossa linguagem tivesse se tornado potencialmente o que temos de mais perigoso. As suspeitas levantadas contra a psicanálise e as terapias de conversa [*talking therapies*] correlatas são formas do temor à conversão (ou lavagem cerebral), confrontadas com alternativas supostamente mais racionais de tratamento. Nesse drama, a racionalidade ou as várias fantasias de empirismo costumam ser promovidas com frequência como nossa melhor defesa contra as experiências de conversão. É como se aqui se admitisse que precisamos de algo para nos proteger daquilo que, em nós, é propenso à conversão. É como se a conversão fosse algo semelhante à sedução, e de fato é.

Considera-se que o problema é o fato de sermos passíveis de ser convertidos. Mas em que exatamente consiste tal problema? Nossa receptividade, nosso anseio por mudança e intimidade: nosso desejo, em suma, de nos unirmos aos outros em algo compartilhado, e que torna nossa vida digna de ser vivida? Ou um impulso essencialmente megalomaníaco de estar conectado à verdade e de assim adquirir uma superioridade interior? É evidente que o tipo de problema que se atribui à conversão nos conduz ao cerne de algo significativo: não sabemos como lidar com o fato de que somos capazes de exercer um efeito tão poderoso uns sobre os outros, nem com o fato de que desejamos esses efeitos tanto quanto os tememos. Os sugestionáveis, os facilmente impressionáveis, os excessivamente emotivos – os fãs, os seguidores e os devotos – precisam de ajuda para tratar de sua suscetibilidade.

Há nisso, seja lá o que isso for, uma misoginia apavorada, além de certo pavor de nossas versões anteriores e mais dependentes. Um pavor de algo ligado ao amor, e um pavor do que é exposto com a perda do amor. Há, na narrativa psicanalítica – a conversão e a psicanálise sempre estiveram de certa maneira relacionadas –, a mulher que nos converteu pela primeira vez, e esperamos que muitas vezes – a mãe que foi, nas palavras de Christopher Bollas, nosso "objeto transformacional" inicial e formativo, a mulher que, ao cuidar de nós, era capaz de alterar nosso humor radicalmente; e há também nós mesmos, como bebês e crianças pequenas, desejando e dependendo de tais experiências benignas de conversão tanto quanto fosse possível. "A mãe é vivenciada pelo bebê", escreve Bollas em *A sombra do objeto*, "como um processo de transformação e, de certa forma, esta característica da existência precoce perdura na busca de objetos da vida adulta [...]. A memória desta relação objetal precoce se manifesta na busca da pessoa por um objeto (uma pessoa, lugar, evento, ideologia) que promete transformar o self."[8]

Essa busca contínua por um objeto que "promete transformar o self" é, portanto, um lembrete de nossos primeiros e mais absolutos estados de necessidade dependente. Um objeto do qual dependemos só pode ser um objeto que convoca em nós a mais profunda ambivalência. É fácil perceber nas experiências de conversão, portanto, um eco misto, mas não exatamente negativo, tanto do ponto de vista histórico como do pessoal. Queremos superá-las, e não o queremos. Ansiamos por elas e tememos seu fracasso ou sua indisponibilidade. Elas nos conectam a nossas perdas e nos lembram de dádivas e benefícios extraordinários. Ansiamos por elas como oportunidades e as tememos como tiranias. As experiências de conversão que, por definição, parecem responder a tantas questões dos convertidos são, pelo mesmo motivo, incapazes de ajudar os não convertidos, para quem levantam muito mais questões. Ou seja, os convertidos são sempre uma provocação para os não convertidos, e vice-versa.

---

8 Christopher Bollas, "O objeto transformacional", in *A sombra do objeto: psicanálise do conhecido não pensado*, trad. Fátima Marques. São Paulo: Escuta, 2015, p. 50.

Então o que há de errado na conversão? Se você sente que é homossexual e não o deseja ser, por que uma experiência de conversão seria inadequada e não pura e simplesmente a solução? Uma resposta seria: a sexualidade não é o tipo de coisa que pode ser convertida (não mais do que a amizade); trata-se da imagem errada de como é o desejo sexual. O que também nos permite indagar como imaginamos nossa sexualidade, já que ela não pode ser convertida nem desconvertida, ou seja, já que não se trata de pecado, nem de um conjunto de crenças equivocadas, nem de um estilo de vida religioso. Se não podemos converter nossa sexualidade, o que podemos fazer com ela ou em relação a ela? (Freud, conforme veremos, acreditava que era possível converter nosso desejo sexual em toda sorte de outras coisas – porém com vistas a sustentar nosso prazer.)

O que imaginamos que as pessoas fazem umas às outras ao convertê-las a ponto de nos deixar tão amedrontados diante da ideia de conversão como um todo? Uma resposta seria: imaginamos pessoas sendo voluntariamente colonizadas, prejudicadas, dominadas, escravizadas, sem nenhuma possibilidade de recurso – imaginamos pessoas reduzidas a um estado de submissão impotente, mas sem se darem conta de que é isso o que está acontecendo com elas; na verdade, as imaginamos tão inconscientes de sua conformidade que a recebem de braços abertos, que a desejam. Nesse cenário, a conversão se assemelha a uma versão aparentemente benigna de ser levado à loucura, de perder a cabeça: convertedor e convertido como um casal sadomasoquista fascinado pelo próprio ritual, membros de um culto que não creem ser um culto, e sim a verdade sobre a vida. E o que acreditamos que as pessoas podem ser, que espécie de criaturas acreditamos serem os animais humanos, se são propensos (ao contrário de todos os outros animais) à conversão? Mais uma vez, uma possível resposta é que as pessoas são incapazes de suportar certos tipos de frustração e anseiam por certos tipos de amor ou de conexão com o que consideram fontes de vida. Que nossa disposição a sermos convertidos constitui uma medida de nossa abjeção, de nossa carência e de nosso isolamento; ou tão somente do quão desgarrados nos tornamos nas culturas em que nascemos. De fato, o que acreditamos ser a linguagem, visto que ela é o meio primário da conversão, se tem o potencial para exercer tal efeito sobre as pessoas (ao mesmo tempo que é o meio da psicanálise e de todas as demais terapias de conversa)? Uma resposta seria que, de modo consciente ou não, pensamos na linguagem como algo demoníaco. Pensamos em nós como seres que fazem coisas com palavras, enquanto a linguagem faz coisas conosco.

Assim, por mais desacreditada que seja, o fato de que, em continuidade com a linguagem religiosa, existe algo como uma "terapia de conversão" nos convida, neste caso, a refletir sobre o que acontece em uma terapia, se não uma espécie de experiência de conversão; que tipo de conversa pode fazer a diferença para as pessoas, uma diferença desejada e que não constitua uma forma de conversão? Isso, é claro, representa uma versão de antigos receios sobre a retórica, bem como sobre a existência de algo pernicioso no desejo de persuadir os outros; ou melhor, de persuadir os outros encantando-os de algum modo. É como se todas as formas de persuasão envolvessem alguma espécie de encantamento; como se toda conversa fosse mais ou menos uma sedução hesitante; e o que mais devêssemos temer em nós mesmos fosse justamente nossa propensão à sedução (imagine como seria um mundo em que nosso maior desejo fosse ser seduzido). Como se houvesse uma magia das palavras que explora a credulidade e força insidiosamente o consentimento. A própria palavra *conversion*, conversão, se desagrega em *con version*, uma versão enganosa, visto que *con* significa "conhecer, aprender, estudar com atenção" ou "enganar, ludibriar, persuadir usando meios desonestos".[9] Precisamos pensar no que

---

9   Em português, "conversão" nos remete à origem latina *conversio*, sendo que *con-* significa junto, e *vertere*, virar, torcer, girar. Seria, assim, uma modificação realizada em conjunto. [N. T.]

poderia implicar a persuasão honesta. Creio que a psicanálise pode ser mais bem descrita como uma forma de persuasão honesta. Ou, pelo menos, é o que ela aspira a ser.

II

A solidez das coisas não deslocadas, e dos "eus"
que não tiveram a experiência do deslocamento,
talvez seja de fato a maior das ilusões.
RICHARD SENNETT, *O estrangeiro*

Talvez de forma bastante apropriada, a ideia de conversão – embora em um sentido diferente – foi, é claro, integral aos primórdios da psicanálise, sendo a chamada "histeria de conversão" uma das categorias diagnósticas com as quais Freud (e Breuer) iniciou seus estudos sobre a histeria, e a própria psicanálise; a aparente conversão, como eles chamaram, de afetos ou ideias em sintomas corporais: a conversão como uma forma de tornar o insuportável suportável, o inaceitável suficientemente aceitável. Freud escreve em um artigo inicial, *As neuropsicoses de defesa* (1894), que o eu

consegue *fazer dessa representação forte uma fraca*, retirando-lhe o afeto, a soma de excitação de que está dotada. A representação fraca, então, praticamente não terá exigências a fazer ao trabalho associativo; *mas a soma de excitação que dela foi separada precisa ter outra utilização.* [...] Na histeria, a representação intolerável é tornada inofensiva pelo fato de sua soma de excitação se transformar em algo somático – o que proponho chamar de *conversão* [*Konversion*].[10]

---

10 S. Freud, "As neuropsicoses de defesa" [1894], in *Obras completas*, v. 3, trad. Paulo César de Souza. São Paulo: Companhia das Letras, 2023, p. 33.

Neste que é o primeiro uso de Freud do termo "conversão", a imagem é a de uma "representação forte", com a qual ele quer dizer a representação de um desejo urgente, mas inaceitável – que logo chamará de "proibido" –, despojado de sua intensidade e redirecionado. Assim, meu desejo – para usar o exemplo clássico da psicanálise – de ter relações sexuais com minha mãe poderá ser convertido em um desejo de visitar e explorar museus, mas eu me sentirei incomodado por uma dor no pé ao passear. Se antes me via dominado pela ideia de ter relações sexuais com minha mãe, agora digo que gosto muito de ir a museus, uma declaração inócua e de ressonância reduzida. Ninguém, nem eu mesmo, se incomodará com esse desejo completamente admirável. Trata-se de um processo em duas etapas: a ideia excitante e inaceitável é convertida em algo mais brando e respeitável, enquanto a intensidade, a excitação associada ao desejo original, é deslocada para um estado corporal, a dor no meu pé, que de fato dói. "O neurótico", escreveu o colega de Freud, Ferenczi, em 1912, "livra-se dos afetos que se lhe tornaram desagradáveis por meio de diferentes formas de deslocamento (conversão, transferência, substituição)."[11]

Nessas conversões freudianas – sendo "conversão" o termo escolhido por Freud para essas técnicas fundamentais –, a ideia inaceitável, o desejo perigoso, é deslocado. Em outras palavras, as conversões freudianas não envolvem uma mudança de atitude, mas uma mudança de meios; não um sacrifício de algo, mas uma re-presentação disso. O que Freud denomina "conversão" em seus primeiros trabalhos se assemelha ao que chamará de "trabalho do sonho" em *A interpretação dos sonhos*, onde escreve que esse trabalho "não pensa, calcula e julga; antes se limita a transformar".[12]

---

11 Sándor Ferenczi, "On the Part Played by Homosexuality in the Pathogenesis of Paranoia" [1952], in *First Contributions to Psycho-Analysis*, trad. Ernest Jones. London/New York: Karnac Books, 1994, p. 154.

12 S. Freud, *A interpretação dos sonhos* [1900], in *Obras completas*, v. 4, trad. Paulo César de Souza. São Paulo: Companhia das Letras, 2019, p. 504.

O trabalho do sonho é um mecanismo, um procedimento, uma técnica inconsciente para representar os pensamentos do sonho em uma forma aceitável. Seu objetivo é uma tradução eficiente. Quando o desejo é convertido, segundo Freud, há uma mudança de forma, mas não de conteúdo. "É algo tipicamente judeu", escreve Freud a seu filho Ernst em 1938, "não renunciar a nada e substituir aquilo que se perdeu". Isso nos lembra de que, antes dessas novas conversões freudianas – ou por trás delas, por assim dizer – havia a questão persistente da conversão dos judeus, do que eles estavam dispostos a sacrificar e renunciar ao se acomodarem à escatologia cristã e às culturas cristã e muçulmana onde habitavam.

Talvez não seja coincidência que a conversão tenha sido uma das primeiras e mais importantes preocupações psicanalíticas de Freud. O que ele chamava de "capacidade para a conversão" era a capacidade de mudar permanecendo o mesmo, a capacidade de não renunciar a nada e substituir aquilo que supostamente se perdeu. "Na neurose", escreveu a filha de Freud, Anna, em *O ego e os mecanismos de defesa* (1936), "estamos acostumados a ver que, quando certa gratificação da pulsão é recalcada, se encontra um substituto para a mesma. Na histeria, isso se faz por meio da conversão, isto é, a excitação sexual encontra uma via de descarga em outras zonas ou processos corporais que se tornaram sexualizados."[13] Você não renuncia ao desejo sexual, você sexualiza outras áreas de sua vida: em vez de ser um voyeur, você ama ler. Ou seja, a conversão – em sua versão psicanalítica – é uma forma de não precisar mudar. É *a* forma como o indivíduo sustenta os desejos que o sustentam. Dessa maneira, no modelo freudiano, uma das razões pelas quais a conversão ao fundamentalismo islâmico – ou qualquer outra conversão religiosa ou sectária – seria tão temida não é porque transforma as pessoas em algo que não são, mas

---

13   Anna Freud, *O ego e os mecanismos de defesa*, trad. Francisco Settineri. Porto Alegre: Artmed, 2006, p. 111.

porque as transforma em algo que são. Nunca mudamos; nós nos convertemos.

Com efeito, no *Dicionário crítico de psicanálise* de Charles Rycroft, há uma entrada para o termo "conversão", assim como para "histeria de conversão", mais familiar, o que reflete o fato de que a conversão constitui o cerne da questão para a psicanálise. "Quando usada como um termo técnico", escreve Rycroft na sua definição de "conversão",

> refere-se ao processo pelo qual um complexo psicológico de ideias, desejos, sentimentos etc., é substituído por um sintoma físico. Segundo Freud (1893), é o afeto relacionado ao "complexo de ideias" que é convertido em um fenômeno físico, e não o "complexo de ideias" em si. Embora a descoberta de Freud de que os sintomas físicos "histéricos" são psicogênicos tenha sido a observação seminal a partir da qual se desenvolveu a psicanálise, a hipótese da "conversão" é insatisfatória, pois deixa sem explicação o que às vezes é denominado de "o salto misterioso" do mental para o físico. O mistério desaparece se os sintomas histéricos forem considerados gestos.[14]

Nessa visão, são os afetos, os sentimentos, que são convertidos em sintomas físicos, os quais Rycroft sugere, engenhosamente, que devem ser "considerados gestos" (isto é, movimentos simbólicos). Contudo, há esse "salto misterioso" do mental para o físico – o modo como pensamentos e sentimentos são somatizados, tornam-se corporais ou incorporados. Traduzidos, por assim dizer, do plano mental para o físico, de pensamentos na mente para estados corporais (um medo que se transforma em fobia ou um

---

14 Charles Rycroft, *A Critical Dictionary of Psychoanalysis*. London: Penguin, 1995, p. 28 [ed. bras.: *Dicionário crítico de psicanálise*, trad. José Octávio de Aguiar Abreu. Rio de Janeiro: Imago, 1975].

pessimismo que se torna energia maníaca, por exemplo). Isso nos convida a considerar uma questão mais ampla e essencial à ideia de conversão: o quanto o material que está sendo convertido se adequa, ou se adequa bem, ao material no qual se transforma pela conversão? Claramente, libras esterlinas são bem adequadas para serem convertidas em euros, assim como casas podem ser convertidas em apartamentos; porém de que maneira o meu desejo de olhar corpos nus é convertido em um espasmo no meu olho? Como o meu desejo de agredir meu pai se transforma em uma paralisia no meu braço?

Tendemos a pensar que a conversão envolve algum tipo de meio compartilhado, a descrença sendo convertida em crença ou um tipo de crença sendo transformado em outro. Esta foi, de fato, "a observação seminal a partir da qual se desenvolveu a psicanálise" – a de que os sentimentos e desejos podem ser convertidos em seus opostos, em ideias aparentemente não relacionadas, em sintomas físicos. Que a engenhosidade da conversão residia em suas transformações enigmáticas; que, na conversão, alcançamos o ápice de nossa criatividade. Que, como escreve Rycroft, "ideias, desejos, sentimentos etc. [podem ser] substituídos por um sintoma físico". De modo que a conversão, nesse sentido psicanalítico, substitui uma coisa por outra; trata-se de uma forma de substituição. Mas isso significa que a coisa substituída não desapareceu (o judeu convertido continua sendo judeu; ele apenas substituiu o seu judaísmo por gestos cristãos). A conversão, então, nesse sentido psicanalítico, é um disfarce (portanto, o homossexual convertido seria apenas um homossexual heterossexual). É mais uma reconfiguração do que uma transformação radical. De fato, a conversão serve para sustentar exatamente aquilo que se supõe substituir. É uma das formas pelas quais o organismo humano gerencia o perigo do desejo, e o desejo aqui representa o inaceitável em sua forma mais ameaçadora; o indivíduo poderia sobreviver ao seu desejo quando, à primeira vista, o transforma em outra coisa. Mas, na verdade, trata-se de uma forma de contrabando; de um modo de conservar o desejo; de não o modificar, e sim o disfarçar (os sintomas do paciente são a sua vida sexual, conforme a famosa observação de Freud). Um judeu é sempre um judeu; especialmente quando parece não ser.

O indivíduo inventado por Freud – o paciente psicanalítico que ele construiu – era ao mesmo tempo quem converte e quem é convertido; aquilo que precisava ser convertido, como nas religiões judaico-cristãs, era o desejo proibido, o afeto inaceitável, e a conversão estava a serviço da sobrevivência psíquica. Era a alternativa ao sacrifício. Nesse sentido, a psicanálise, tal como Freud a concebeu, era o processo, por meio de um certo tipo de troca verbal, de desconversão ou reconversão (no caso de Dora, em *Análise fragmentária de uma histeria*, Freud observa que "muito mais fácil do que criar uma nova conversão parece ser produzir relações associativas entre um novo pensamento que necessita descarga e o velho",[15] implicando que uma nova conversão poderia ser o objetivo); a autocura inicial de converter o desejo proibido em sintomas somáticos precisava ser, tanto quanto possível, revertida; era necessária uma nova conversão. O sintoma corporal precisava ser redescrito – eis aí um outro tipo de conversão – para pelo menos tornar consciente, se não libertar, o desejo que ele comprometia.

A psicanálise era uma tentativa de se recuperar de conversões inconscientes e necessárias; todas as conversões da vida cotidiana exigidas pelas culturas em que as pessoas se viam imersas. Em termos pragmáticos, poderíamos dizer que a conversão era uma técnica, um processo, uma forma de arte que deveria ser usada a serviço de gratificações cada vez mais satisfatórias, e não simplesmente sofrida como um mecanismo de adaptação. Conversão como a forma mais ou menos bem-sucedida assumida por nosso

---

15 S. Freud, *Análise fragmentária de uma histeria* (*"O caso Dora"*) [1901/1905], in *Obras completas*, v. 6, trad. Paulo César de Souza. São Paulo: Companhia das Letras, 2016, p. 233.

hedonismo (temos uma habilidade extrema, por exemplo, de encontrar soluções sexuais para problemas não sexuais). E, longe de ser uma ruptura, uma quebra com o passado, em sua versão psicanalítica, a conversão sustenta a continuidade: em certo sentido, depois de uma conversão, somos mais bem-sucedidos em ser quem éramos do que antes dela. O que Ferenczi chamou, em uma frase memorável, de "conversões transitórias" é a história da nossa vida. Para sustentar nosso prazer, nosso prazer na vida, precisamos ser muito bons em converter e ser convertidos.

III

É um dos segredos dessa mudança de equilíbrio mental, corretamente chamada de conversão, que para muitos de nós nem o céu nem a terra oferecem revelações até que alguma personalidade toque a nossa com uma influência peculiar, subjugando-nos à receptividade.
GEORGE ELIOT, *Daniel Deronda*

A expressão "histeria de conversão" ganhou hoje uma conotação bastante diferente, uma nova vida própria em nossa histeria atual sobre a conversão em ao menos algumas de suas formas contemporâneas. Portanto, como eu disse, devemos também lembrar que, no pano de fundo dos primórdios da psicanálise de Freud – a preocupação dele com a histeria de conversão das mulheres que não conseguiam se adaptar, as mulheres que queriam sustentar seu prazer em circunstâncias adversas –, estava a questão persistente dos judeus da geração de Freud em Viena, a questão de converter-se ou não ao cristianismo com todas as perdas aí implicadas, sendo a conversão o passaporte para a sobrevivência, para a assimilação (até certo ponto) e para possibilidades profissionais então vedadas aos judeus. E, em seguida, como uma consequência terrível e intimidante, sempre surgiria a questão de saber se aquele judeu convertido seria o judeu menos confiável de todos, o oportunista duas caras por excelência. (A própria palavra em inglês nos faz questionar qual poderia ser a versão enganosa [*con version*] da conversão [*conversion*].)[16] Afinal, Freud sugeria que na histeria de conversão nada era eliminado; o afeto era tão somente transformado: a convertida era para sempre assombrada, e até mesmo movida, por aquilo em que ela supostamente havia se convertido e por aquilo a que renunciara (em muitos aspectos, no relato de Freud, a conversão era um refinamento do desejo). Claro, se podemos ser convertidos em algo, podemos fingir ser convertidos (de fato, era o que as histéricas de Freud faziam; a histérica era sempre acusada de estar fingindo, o que estava e não estava, embora sofresse de forma genuína). Como saber se o convertido está encenando ou se sua performance pública é consistente com sua vida privada? Sintomas são gestos, e os gestos sempre apontam para algo ou alguém. No relato freudiano, desejar requer encenar.[17]

A ironia de todos os essencialismos – em especial os essencialismos de caráter – é que podem ser simulados. Por serem, por definição, definidos, podem ser imitados, encenados, performados. E a conversão sempre nos confronta com a questão das essências, pois as pessoas só são convertidas àquilo que consideram ser a verdade essencial. De fato, no cerne da conversão haverá sempre a pergunta: como distinguir a conversão verdadeira da falsa? O que é uma versão da pergunta irônica: como distinguir uma essência real de uma falsa? Ou da questão pragmática: como saber se a conversão funcionou ou não? Freud diria que nunca conseguimos distinguir bem, pois não há

---

16 Conforme Phillips aborda na parte I de "Histeria de conversão", a palavra *conversion* em inglês pode remeter a *con* + *version*, sendo algumas das acepções de *con* "engano/enganar", "fraude/fraudar" e "golpe". [N. T.]

17 O autor se vale aqui da ambiguidade do termo *acting*, que pode significar tanto "agir" como "atuar", "encenar". [N. E.]

diferença. Essas são as perguntas erradas porque são, por definição, irrespondíveis. Não deveríamos ser capazes de respondê-las; deveríamos permanecer em dúvida. Porque, no relato psicanalítico, nada pode substituir (ou deslocar) outra coisa completamente; todas as substituições são lembretes daquilo que substituem; todos os deslocamentos traem suas origens. Os convertidos são como *crossdressers*: disfarçam algo para melhor exibi-lo. Disfarçam algo a fim de chamar nossa atenção para algo nisso, quer saibam ou não o que é. Em outras palavras, para os judeus da geração de Freud em Viena, a conversão poderia ser somente outra palavra para assimilação.

A psicanálise começaria com as conversões inconscientes, muito bem-sucedidas, mas em última análise debilitantes, da histeria de conversão; e com as perguntas: o que *há ali* para ser convertido, e por que "conversão" seria a palavra? Seja lá o que esteja ali para ser convertido, no relato psicanalítico, deve ser essencial e, portanto, precisa ser conservado; isso significa, de forma mais ampla, o desejo instintivo e, na essência, o desejo incestuoso. É necessário redescrever, não abolir; traduzir a vida, e não a perder na tentativa de a encontrar. Portanto, a questão é: como desfazer uma conversão – neste caso, a conversão de um desejo em um sintoma corporal – e qual o custo tanto da conversão como de desfazê-la? E o que resta para nós depois? Ou melhor, o que colocamos em seu lugar, se é que colocamos algo? É possível manter o processo de conversão em andamento? Do ponto de vista psicanalítico, as conversões que nos fazem sofrer são as que frustram e travam – as conversões que precisam acreditar em si mesmas. Sofremos enormemente quando permitimos, nos termos de Frank Kermode, que uma ficção degenere em um mito; quando acreditamos de forma absoluta naquilo que Freud chamaria de nossas sublimações. "Se um homem que se acredita rei é louco", escreve Lacan nos *Escritos*, "não menos o é um rei que se acredita rei."[18]

---

18   Jacques Lacan, "Formulações sobre a causalidade psíquica" [1946], in *Escritos*, trad. Vera Ribeiro. Rio de Janeiro: Zahar, 1998, p. 171.

Talvez não seja estranho que Freud (e seu colega também judeu Josef Breuer) estivessem se indagando sobre as precondições para uma conversão e as alternativas para os não convertidos. Indagar o que os judeus não convertidos (no mundo) podem fazer é semelhante a indagar o que os desejos não convertidos podem fazer. Como, se é que é possível, podem se ajustar às culturas em que se encontram? Ou melhor, quais as conversões que funcionam melhor? Toda conversão nessa história, é preciso notar, nasce do medo. Nas ciências que Freud estudou, havia conversões de energia e conversões químicas; mas, na vida de seus contemporâneos judeus, havia a questão bastante real de se converter e deixar para trás a chamada "religião dos pais"; e na nova ciência da psicanálise havia a compreensão e a explicação do que chamamos de sintomas psicossomáticos, que Freud de início denominou histeria de conversão. A vida instintiva, Freud percebeu, precisava ser de algum modo assimilada à vida vivida na cultura. E isso só consistia em um problema para o animal humano devido ao tabu do incesto; os desejos proibidos exigiam conversão. Era nisso, na verdade, que consistia o desenvolvimento. A conversão, cujo significado religioso de longa data foi facilmente traduzido para a linguagem da ciência, provou ser uma ideia bastante adaptável. A conversão podia ser convertida para diversos usos e em diversos contextos. É por esse motivo que precisamos analisar um pouco melhor o que Freud pretendia de início ao usar a palavra.

A psicanálise seguiria sendo uma investigação sobre a natureza da conversão, sua genealogia e sua função na vida do indivíduo. Resolver uma transferência – na medida em que tal coisa fosse possível – seria dissipar uma conversão; porém com o objetivo de, por assim dizer, flexibilizar a capacidade do indivíduo de ser convertido, tornando-o mais suscetível ao que Freud chamou de "novas conversões", e que poderíamos chamar, nos passos de Ferenczi, de "conversões transitórias" da vida cotidiana. Pois Freud aos poucos percebeu que crescer em uma família – uma família dentro de uma sociedade – de algum modo se assemelhava a uma experiência de conversão, ou que isso era uma forma útil de descrevê-la; que a infância era uma experiência prolongada de conversão e reconversão que nos tornava vulneráveis demais, famintos demais, disponíveis e dispostos demais a buscar tais experiências ao longo da vida. Era a conversão gradual à crença (e à descrença) nos pais, por exemplo, que ele passou a acreditar que nos predispunha a crer em Deus.

Nos primórdios da psicanálise, entretanto, as conversões que interessavam Freud eram as chamadas conversões histéricas, as quais, por mais debilitantes que fossem, garantiam a sobrevivência do indivíduo na família – as adaptações necessárias, mas deformadoras, da vida moderna. Era a capacidade de converter e ser convertido – de converter desejos proibidos em sintomas psicossomáticos: de ser convertido à vida na família – que ele descreveu como sendo a um só tempo o problema e a solução para os rigores da vida moderna. Crescer envolvia buscar certas conversões e resistir a outras. Freud precisava entender como funcionava a conversão e qual o trabalho que ela deveria realizar. Seus vários estudos sobre a histeria consistiram em uma investigação acerca da conversão e de seus descontentamentos.

Mas, ao ler os usos que Freud faz da palavra "conversão", termo que afirmou ter introduzido em *Estudos sobre a histeria*, talvez devêssemos levar a sério, por assim dizer, a piada que ele conta em um artigo de 1915, *Observações sobre o amor de transferência*; uma piada que expõe o que poderíamos chamar de uma visão mais psicanalítica sobre a conversão. Freud estava explicando por que é importante, no tratamento psicanalítico, que o analista não faça concessões à demanda do paciente por amor. A psicanálise deveria ser conduzida, como ele escreve, "na abstinência",[19] visto que

---

19   S. Freud, "Observações sobre o amor de transferência" [1915], in *Obras completas*, v. 10, trad. Paulo Cesar de Souza. São Paulo: Companhia das Letras, 2010, p. 165.

o ponto central do amor transferencial – um amor do passado recriado na situação analítica – é que ele deve ser compreendido e interpretado, não realizado. O amor do paciente pelo analista é, do ponto de vista do analista, um amor transferencial. Freud, é claro, reconhece as dificuldades dessa distinção, admitindo que em certo sentido todo amor pode ser transferencial e não menos real por isso. Mas então ele conta uma piada sobre um pastor (não um rabino). Se o analista gratificasse a paciente, escreve ele,

> a paciente atingiria sua meta, ele não alcançaria a dele. Apenas sucederia [...] o que acontece na divertida anedota do pastor e do agente de seguros. Por solicitação dos familiares, um agente de seguros ateu, gravemente doente, recebe a visita de um religioso, que deve convertê-lo antes que morra. A conversa dura tanto tempo que os familiares, esperando do lado de fora, começam a ter esperanças. Finalmente se abre a porta do quarto. O ateu não se converteu, mas o pastor saiu segurado.[20]

É uma piada estranha e reveladora, porque compara a situação analítica a uma experiência potencial de conversão e revela que, quando a conversão é a moeda corrente, pode ocorrer nos dois sentidos. Assim, nesse momento do texto, Freud revela, talvez sem querer, uma dúvida sobre a psicanálise e seu projeto. Em que sentido o analista e o paciente são como um pastor e um corretor de seguros, e quem é quem? Freud sugere que a conversão é mais instável, imprevisível e volátil do que parece. Quem converte quem no tratamento psicanalítico, e por que é a conversão que está em jogo? A pessoa que converte pode não estar tão segura de si quanto pensa. De fato, do ponto de vista psicanalítico, ela teria se colocado nessa posição de autoridade como uma autocura para a dúvida

---

20 Ibid.

intimidante. Seria a psicanálise, Freud parece se perguntar aqui, apenas outra versão do gênero mais antigo que existe, a apólice de seguro (religiosa ou de outro tipo)?

Em outros termos, a ideia de conversão explicava muito para Freud; foi uma forma de explicar a adaptação interna do indivíduo à vida instintiva, e permitiu-lhe pensar o tratamento psicanalítico como uma experiência de conversão resistida. O paciente que trata o analista, conforme diz Lacan, como "aquele se supostamente sabe" está em busca de uma experiência de conversão, que é interpretada em vez de aceita. Mas então o analista freudiano se encontra na posição incômoda de ter de converter o paciente à ideia de transferência, ao amor transferencial. No entanto, podemos dizer agora, de uma maneira que Freud não podia, que o analista não precisa ser nem um sacerdote nem qualquer outro tipo de corretor de seguros. E a psicanálise pode ser concebida, então, como uma conversa na qual se resiste ao desejo de converter e de ser convertido. Uma conversa na qual se pode descobrir o que pode haver entre as pessoas quando a conversão já não é nem possível, nem desejada.

Mudanças-
-surpresa

I

Tirando o fato de não ter solução, era um problema simples.
MARK KISHLANSKY, *Uma monarquia transformada*

Descrevemos constantemente nossas vidas como vidas duplas, em que vivemos em, ou com – vinculados a – dois mundos a um só tempo; de nós mesmos, digamos, em relação aos deuses ou a Deus (e nossa vida, na condição de natureza e qualidade dessa relação com o divino, passa a ser vista como afortunada ou condenada, salva ou amaldiçoada); ou os mundos da aparência e da realidade; ou o material e o espiritual. E as experiências de conversão tendem a ser descritas, nas tradições judaico-cristãs, como a transição de um para o outro, e muitas vezes a despeito do ceticismo moderno em relação a tais contrastes e oposições binárias. Duplos mais seculares e modernos podem assumir a forma do privado e do público, do inconsciente e do consciente, do são e do insano, ou simplesmente do inaceitável e do aceitável. Quer esteja entre o bem e o mal, o sagrado e o profano, o saudável e o doente – aquilo que a antropóloga Mary Douglas chamou de "pureza e perigo" –, a pessoa descrita se vê dividida; definida por sua criação e por sua violação dessas fronteiras. É como se o self, por definição, fosse aquilo que precisa se definir, e se definir insistindo naquilo que não é – um agente duplo com muito trabalho a fazer.

Além disso, o assim chamado self é o que passamos a chamar, na expressão de William James, de "self dividido" e, após James e Winnicott, um self verdadeiro e falso, ou um self na linguagem, na fantasia, mas talvez, ou na verdade, nenhum self. Um self coexistindo com sua ausência, segundo a formulação mais moderna. Um self sempre obrigado a no mínimo administrar versões conflitantes e concorrentes de si mesmo; um self sempre obrigado a corrigir suas representações de si mesmo, apesar de saber, do alto de sua modernidade, que não passam de representações, imagens e descrições de algo que somente pode existir nessas imagens e descrições. Um self cheio de conflitos, que é obrigado a equilibrar contradições – ou, no mínimo, fazer algo com elas, ou a respeito delas.

Conversão é uma das palavras que costumamos empregar para lidar com contradições, para resolver tais conflitos. Basicamente, as experiências de conversão minimizam, ou ao menos regulam, o que se acredita serem as contradições essenciais e mais paralisantes do self dividido. Ainda assim, conforme veremos, para os comentaristas modernos das duas experiências formativas de conversão da chamada tradição ocidental, Paulo e Agostinho, tais conversões simplesmente expõem os conflitos que elas deveriam resolver e esclarecer. E isso nos revela algo, digamos assim, acerca do ceticismo moderno em relação à mudança pessoal em sua forma mais dramática e significativa. Essa profunda ambivalência moderna sobre as experiências de conversão – na maioria das vezes entre os não religiosos, porém nem sempre – leva a diversas questões não apenas sobre a relação das pessoas com Deus mas também sobre a relação que elas estabelecem com a mudança, com a própria transformação; questões acerca de como a mudança se dá e para que pode servir (a serviço do que ela pode estar).

De fato, uma das perguntas que os críticos e comentaristas modernos tendem a fazer é se existiu, e ainda existe, algo que se possa chamar de conversão – tanto do ponto de vista histórico como do psicológico. Se talvez a própria palavra não seria um equívoco e, portanto, radicalmente enganosa, dando a ideia errada sobre o que é uma mudança significativa. O que, claro, leva (tanto céticos como religiosos) a questionar quais tipos de mudança são possíveis e quais podem ser desejados. Trauma, devemos recordar, é o termo contemporâneo utilizado para tratar das experiências de conversão malignas, as experiências que mudam nossa vida para pior e que ameaçam nossa capacidade de mudar.

Uma versão mais contemporânea e secular do self em conflito descrito anteriormente trata da tensão entre o que hoje entendemos como essencialismo biológico e o que tradicionalmente foi chamado de o problema do livre-arbítrio. Para algumas pessoas hoje, que se consideram flanando por aí livres de preocupações religiosas, há o inelutável desenrolar biológico de suas vidas e uma vida de decisões; uma vida que assume suas inevitáveis formas biológicas e uma vida, em certo sentido, escolhida ou consentida (para empregar uma alegoria, seria algo como Darwin – e talvez Freud – contra os existencialistas). Em vez de uma teocracia, temos o determinismo do processo biológico e do desenvolvimento, o chamado ciclo da vida – aprender a andar e a falar, a autorregulação das necessidades corporais, as irrupções da puberdade e da meia-idade, o contínuo morrer; todos combinados de modos diferentes em diferentes culturas por rituais de iniciação e arranjos institucionais que aculturam e contêm os irresistíveis estágios da vida. E, então, há, em certas sociedades modernas, o que parecem ser momentos de escolha, o querer e o querer ser, o fascínio e a atração dos ideais culturais, das imagens preferidas; a vida de propósitos, realizações e predileções, a escolha de companhias e ocupações, o desenvolvimento do gosto pessoal. A singularidade do desejo individual, formada a partir dos recursos culturais disponíveis. As consequências idiossincráticas do encontro entre herança genética e ambiente herdado; o entrelaçamento da história transgeracional com as circunstâncias contemporâneas disponíveis. Há o ser moldado (por aquilo que aprendemos a chamar de natureza e cultura) e a questão constante de moldar a si mesmo; transformar-se em quem se pode querer ser. Aquilo que é preciso aceitar, e o modo como se quer viver. O que fazemos com, ou em relação a, ou em nome dos determinismos que se apresentam: deuses, Deus, natureza, instintos, história, economia, genética, raça, linguagem, sexualidade, infância. O que julgamos saber acerca das forças organizadoras de nossas vidas e o que não sabemos. E até que ponto delegamos nosso poder de ação a tais poderes determinantes, a fim de nos absolver de nossa responsabilidade. Portanto, para os fins deste capítulo, quero pensar em um nexo de preocupações sobrepostas – determinismo, escolha e, no meio disso tudo, digamos assim, experiências de conversão, que também são uma forma de continuar discutindo o problema do livre-arbítrio; de se, e de que maneiras, podemos escolher nossas transformações, e como sabemos se são boas; das limitações da tradução – a tradução de nós mesmos – e de onde tiramos nossos critérios para uma boa tradução.

No lugar da pergunta brusca, "somos mudados ou mudamos a nós mesmos?", as experiências de conversão sugerem que ambas talvez sejam possíveis, então a pergunta está mal formulada. Se, a cada momento de nossas vidas, estão ocorrendo mudanças – em um nível psicobiológico – e somos, ao mesmo tempo, capazes de querer mudar e de fantasiar que nada está mudando; se somos criaturas que, por natureza e, portanto, por definição, mudam, e criaturas que querem escolher e planejar suas mudanças, como, então, vivenciamos ou percebemos esse processo? Se a mudança constitui tanto um objeto de desejo como um destino fundamental, onde isso nos coloca? O que temos a ver com isso, se é que temos algo a ver? Uma experiência de conversão pode representar a mudança desejada na vida de alguém (seja a mudança que a pessoa conscientemente desejava e esperava que acontecesse, seja a que, somente em retrospecto, ela reconhece que desejava); ou também pode ser uma transformação completamente imprevista que só adquire valor supremo após o ocorrido (sendo a palavra "trauma", como já se disse, a que utilizamos para as experiências de conversão malignas e não escolhidas). A mudança, como objeto de desejo, é uma questão de conhecimento, de saber, em certo sentido, o que queremos ser ou nos tornar, ou saber que não sabemos o que queremos, mas que queremos alguma coisa; ou a mudança como destino biológico inescapável – viver as recompensas e os escombros do tempo – e, portanto, algo que podemos conhecer e, até certo ponto, em que podemos intervir por meio das maravilhas da ciência, porém, fundamentalmente, é uma questão de reconhecimento (do não escolhido como uma pista para o que depois poderá ser escolhido: diante do fato de que não temos a escolha de não morrer, que escolhas podemos fazer sobre como viver?). As regras possibilitam que haja improvisação, mas, para improvisar, não pode haver regras (improvisar é possibilitar o possível). As regras são, por definição, conhecidas de antemão; a improvisação, por definição, não é conhecida de antemão. O que precisamos saber (se é que precisamos saber algo) para ter a vida que queremos, sendo a vida que queremos aquela em que mudamos de acordo com nossos desejos?

Se a questão moderna é, como sugere Michel Serres, "o que é que você não quer saber sobre si mesmo?", a questão pragmática que se segue é: o que se pode fazer com o que se quer e, ao mesmo tempo, não se quer saber sobre si mesmo? Uma das coisas que queremos e não queremos saber sobre nós mesmos é a forma como estamos inevitavelmente mudando, e como talvez queiramos mudar. Em nossas linguagens mais modernas e seculares, existe, por um lado, a vida dupla do destino biológico e da autoinvenção e, por outro, a vida dupla do que julgamos saber, e querer saber, sobre nós mesmos e do que não queremos saber sobre nós mesmos (aquilo que é consciente e aquilo que permanece inconsciente). O que está sendo convertido (e, à primeira vista, curado) nas experiências de conversão são contradições como essas. Não é que o problema seja resolvido; é que, para todos os efeitos, ele desaparece. Deixa de ser uma questão. Como muitas vezes ocorre em uma análise psicanalítica, as pessoas não se curam, simplesmente perdem o interesse por seus sintomas. Suas preocupações se dissipam e evoluem. Os convertidos têm e não têm preocupações diferentes.

É claro, a expressão "vida dupla" tem, para nós – ou para aqueles de nós que habitam um mundo mais secular –, a conotação de infidelidade e, portanto, das dificuldades bastante reais da integridade, de sermos inteiros no nosso desejo. Há pessoas hoje chamadas, de modo mais generalizado, de liberais – ou fãs de *Sobre a liberdade,* de John Stuart Mill – que não acreditam que a pureza de coração consista em desejar ou amar uma única coisa; ou, de fato, que exista algo que se possa chamar de pureza de coração (ou algo que se possa chamar de uma única coisa). Tais pessoas acreditam em motivos mistos e desejos concorrentes, em ambivalência e acomodações paradoxais; acreditam que o melhor é inimigo do bom – que ser uma mãe suficientemente boa é mais do que suficiente – e que a pior coisa que podemos fazer é intimidar os outros (sendo a intimidação vista como uma tentativa de conversão forçada); acreditam que restringir nosso pensamento – reduzindo tanto nossa complexidade como a dos outros – nos torna excessivamente cruéis. E que uma das maneiras pelas quais temos restringido nosso pensamento é descrever nossa vida como apenas e tão somente dupla. A duplicação duplica o problema de uma maneira que a multiplicação não o faz.

A duplicação, podemos dizer agora na linguagem da psicanálise, é uma defesa contra a proliferação. Com isso, quero sugerir que, onde e quando quer que haja discursos modernos sobre a conversão em oposição aos mais tradicionais, há – entre muitas outras coisas historicamente específicas – a ameaça da proliferação. As pessoas se veem suscetíveis às experiências de conversão quando já não conseguem suportar a complexidade de seu próprio pensamento. Não queremos matar quem mais odiamos, como observou certa vez o psicanalista Ernest Jones; queremos matar quem desperta em nós o conflito mais insuportável.

Portanto, quero sugerir que, quando falamos sobre conversão, precisamos ter em mente duas perguntas modernas. Qual era o conflito insuportável para o qual a conversão foi uma autocura? E qual foi exatamente a complexidade mental – a ruminação de sentimentos excessiva – que exigiu ser simplificada por meio de uma aparente resolução? Mate-os ou converta-os. Não queremos converter as pessoas que mais odiamos, e sim as que despertam em nós o conflito mais insuportável. Queremos ser convertidos pelas pessoas que parecem poder resolver nossos conflitos mais insuportáveis. A conversão é um assassinato simbólico.

Ao considerar tudo isso, devemos, então, analisar novamente duas das conversões mais formativas da dita tradição ocidental; dois exemplos – Paulo e Agostinho – que, claro, estão relacionados e são tidos, ao mesmo tempo, como exemplares e definidores. Ambos estão entre nossos relatos mais dramáticos de transformação radical; e talvez pelo mesmo motivo – ainda que isso esteja parcialmente em desacordo com a intenção deles – revelam o quanto a ideia de uma mudança catastrófica benigna se tornou para nós enigmática e desconcertante; uma consumação fervorosamente desejada e temida; e, ao que parece, uma preocupação constante da tradição ocidental, que, de tão convencida do valor de suas formas preferidas de transformação, está resolutamente comprometida com a conversão dos outros. Converter os outros é encarado como o único antídoto para sua própria dúvida.

Todas as nossas histórias favoritas versam sobre indivíduos e grupos que querem e não querem mudar. Mas conseguimos ler cenas de conversão sem sermos convertidos por elas. Só que as cenas de transformação que nos assombram são as nossas; talvez não tenhamos tido, contudo, curiosidade o suficiente para analisar como as duas coisas se conectam, esse impulso de mudar e de ser mudado, correndo lado a lado com mudanças que já estão sempre em curso. A transitoriedade que somente podemos reconhecer de forma passageira e o luto que tanto ansiamos por realizar constituíram até o momento nossas melhores concepções e receptáculos da eterna questão do que fazer com a mudança. Não é de estranhar, claro, nossa imensa inventividade em infligir e suportar o sofrimento; nossa criatividade de transformar trauma em triunfo. No entanto, mudar da forma que preferimos parece ser o projeto humano inevitável – ou, na formulação de Freud, hoje tão criticada, "onde era isso, há de ser eu",[1] com ênfase no "há de ser". O que significa para uma pessoa ser mudada e mudar a si mesma para melhor, e como isso se dá? Com todos os outros animais, as mudanças ocorrem por si mesmas. Nenhum outro animal se esforça a tal ponto para evitar o sofrimento e perseguir ideais culturais. Ou, invertendo a questão, temos enfrentado dificuldades para encontrar prazeres que nos sustentem o suficiente; prazeres que nos convençam, digamos assim, de que nossas vidas valem o sofrimento.

Talvez seja útil, então, ainda que um pouco reducionista e tangencial, buscar compreender à maneira moderna quais prazeres Paulo e Agostinho buscavam e por quais prazeres os trocaram, sem esquecer que, por definição, não poderiam colocar nem decidiriam colocar a questão nesses termos. Eles não podiam se conceber, exceto de um ponto de vista pecaminoso, como estando em busca de prazer. Talvez seja, então, mais exato afirmar, em termos seculares, que ambos estavam substituindo seus objetos de desejo; o que por si só já seria uma definição de conversão. Afinal, ambos foram convertidos – assim como ocorre com todos os convertidos – a algo de que acreditavam poder absolutamente (e finalmente) depender, e que, portanto, tornava suas vidas inequivocamente dignas de

---

1 Em alemão, *Wo Es war, soll Ich werden*. Sigmund Freud, "Conferência 31 – A dissecção da personalidade psíquica" [1933], in *Novas conferências introdutórias à psicanálise, Obras completas*, v. 18, trad. Paulo César de Souza. São Paulo: Companhia das Letras, 2010, p. 286; trad. modif.

serem vividas. Converteram-se a algo que, por assim dizer, parecia curar um conflito insuportável, e que resolvia, talvez por meio de uma simplificação, um estado de espírito excessivo e insuportável.

II

O grotesco e o estranho podem servir como um convite, ao menos em parte, para a conversão.
ROWAN WILLIAMS, *Sobre Agostinho*

Qualquer relato da conversão famosa e fundadora de Paulo no caminho para Damasco deve começar por um paradoxo que, por si só, é interessante. Como escreve Rowan Williams, por exemplo, em *Meeting God in Paul* [Encontrando Deus em Paulo]: "A linguagem de conversão de uma religião para outra simplesmente não estava disponível [no tempo de Paulo] no sentido que lhe damos hoje".[2] No entanto, mais adiante no livro, ele apresenta um relato do que chama de "o caráter da conversão de Paulo, como ele e outros nos contam". Apesar da contradição aparente, vale a pena se concentrar na ideia de "caráter da conversão". Paula Fredriksen, uma estudiosa das Escrituras, elabora de maneira útil a suposta contradição proveniente do fato de que, como ela diz, "o que denominamos 'conversão' era tão anômalo na Antiguidade que os antigos, no período de Paulo, nem sequer tinham uma palavra para isso"; apesar disso, segundo ela, Paulo

emerge como o convertido mais famoso da história, uma espécie de gentio cristão honorário *avant la lettre* e, ao mesmo tempo, e por isso mesmo, um ex-judeu ou antijudeu. De fato, alguns estudiosos

---

2 Rowan Williams, *Meeting God in Paul*. London: Society for Promoting Christian Knowledge, 2015, p. 28. [O autor omite um trecho da citação. No original, "de uma religião ou visão de mundo para outra" – N. E.]

argumentam ainda que Paulo é o primeiro teólogo cristão da história, promovendo uma nova fé que substitui ou submerge o judaísmo restrito no contexto mais amplo de suas antigas alianças.[3]

Paulo, o convertido mais famoso da história, em uma cultura onde não existia nada parecido com uma conversão; Paulo, que tivemos de passar a enxergar como alguém que efetuou a conversão cristã paradigmática em uma época em que tal coisa, tal descrição, era impossível, literalmente ininteligível. Isso seria algo tão absurdo quanto a ideia de converter sua própria história pessoal e transgeracional ou sua herança genética. "O termo moderno para tal transição", observa Fredriksen,

> "conversão", não se encaixa bem no período de Paulo, quando o grupo de parentesco, o *genos* ou *ethnos*, ancorava e articulava a piedade. Dado o essencialismo da etnia na Antiguidade [...], como um pagão poderia se tornar judeu? Para alguns judeus, a resposta era: impossível. Tal posição privilegiava a conexão normativa da Antiguidade entre família e culto, e sua construção realista de genealogia e de "sangue".[4]

Ali onde falamos de conversão em relação a Paulo, sugere Fredriksen, deveríamos falar de transição; o essencialismo da etnia e, portanto, os limites para a mudança (hoje colocaríamos em discussão o que constitui a etnia, se é que é constituída por alguma coisa). Nesse relato – que parece estar em sintonia com muitos de nossos relatos contemporâneos –, Paulo não se transformou em outra pessoa, a caminho de Damasco; não se tornou alguém que não era, e sim sofreu uma transição dramática (como alguém pode se tornar

---

3 Paula Fredriksen, *Paul: The Pagan's Apostle*. New Haven/ London: Yale University Press, 2017, pp. 87 e 116.

4 Ibid., p. 65.

algo que não é?). A partir desse ponto de vista – influenciado, como deve ser, pela biologia darwiniana e pela historiografia moderna –, somos instados a enxergar as continuidades e não a ruptura em sua experiência de conversão. Onde antes parecia haver uma revolução, agora há pontuação; evolução, em vez de apocalipse. De modo que os relatos contemporâneos tanto da experiência de Paulo no caminho para Damasco como de sua teologia se debatem com uma questão fundamental: será que Paulo estaria dando seguimento e elaborando a tradição judaica na qual foi criado e que praticava – e, portanto, "reivindicando mais das raízes judaicas do [cristianismo]", nas palavras de Michael Thompson – ou estaria ele revendo radicalmente, ou mesmo repudiando, essa tradição? Essa é uma versão da pergunta: que tipo de mudança era tida como possível na vida de uma pessoa daquela época (e hoje), e como podemos julgar seu valor? Afinal, ninguém diz que algo terrível ocorreu a Paulo no caminho para Damasco, apesar de muitos terem ido contra seus ensinamentos de maneira extremamente virulenta. É uma questão, como diz Thompson, da "quantidade de continuidade" entre o passado de Paulo e a revelação de sua nova vida. Por meio da sua conversão, ele passou de defensor da pureza do judaísmo a promotor da inclusividade absoluta do Evangelho.

Algo aconteceu a Paulo no caminho até Damasco, algo para o qual deve ter havido precondições, se não causas discerníveis. E muitas pessoas, inclusive o próprio Paulo, não sabiam exatamente como interpretar essa experiência. Sabiam, porém, que foi uma experiência e que muito se fez e, de fato, resultou dela. O que chamamos de experiência de conversão define-se, portanto, por seus efeitos, pelo que provoca e inspira tanto no convertido como nas pessoas com quem ele entra em contato. A experiência de conversão, ou transição, de Paulo foi definida por seus efeitos posteriores, um dos quais foi se tornar uma espécie de cena de instrução para os cristãos ocidentais. Assim, ainda que de modo breve, devemos analisar tanto a experiência em si como algumas de suas consequências.

Resumindo, como a maioria das pessoas sabe, Paulo, um quase contemporâneo de Jesus (que ele nunca conheceu), era um judeu piedoso e instruído – um construtor de tendas – que havia sido um perseguidor fervoroso da nova seita de Jesus. Ou seja, ele não acreditava que Jesus fosse o Messias dos judeus.

> E Saulo, ainda respirando ameaças e morte contra os discípulos do Senhor, foi ao sumo sacerdote e pediu-lhe cartas para as sinagogas de Damasco, a fim de que, se encontrasse alguns que seguissem esse caminho, tanto homens como mulheres, os levassem presos a Jerusalém. E, indo pelo caminho, aconteceu que, ao aproximar- -se de Damasco, subitamente resplandeceu ao seu redor uma luz vinda do céu. E, caindo por terra, ouviu uma voz que lhe dizia: "Saulo, Saulo, por que me persegues?". E ele disse: "Quem és tu, Senhor?". E o Senhor respondeu: "Eu sou Jesus, a quem persegues; duro é para ti recalcitrar contra os aguilhões". Tremendo e atônito, disse ele: "Senhor, que queres que eu faça?". E o Senhor disse a ele: "Levanta-te e entra na cidade, e lá lhe dirão o que fazer". E os homens que iam com ele pararam emudecidos, ouvindo uma voz, mas sem ver ninguém. E Saulo levantou-se da terra e, abrindo os olhos, não via ninguém; e guiando-o pela mão, conduziram-no. (Atos 9:1–8)

Saulo/Paulo começa "respirando ameaças e morte" contra os seguidores de Cristo; depois é derrubado por uma luz do céu e por uma voz; é questionado, e então ele próprio pede à voz que lhe faça exigências: "Senhor, que queres que eu faça?". Ele fica cego – segundo outro relato –, é aos poucos informado sobre o que deve fazer e recupera a visão: "Então caíram-lhe dos olhos algo semelhante a escamas, e ele recebeu a visão, e levantou-se e foi batizado". (Atos 9:18). A visão que ele recupera é, por assim dizer, diferente da visão que perdeu; o texto não diz que ele recuperou sua visão, e sim que a recebeu. O que, obviamente, constitui a descrição já bastante familiar da conversão: a perda de uma maneira antiga de ver e a aquisição de uma nova visão das coisas. Os mesmos olhos veem as coisas de forma diferente e são, ao mesmo tempo, os olhos antigos e os novos olhos.

Contudo, quero enfatizar duas coisas nessa descrição. Primeiro, a violência da experiência, que vem do exterior. De modo algum Paulo buscou ou tentou provocar essa experiência, que inicialmente o desfaz; na verdade, essa é a própria experiência que ele desejava abolir, impedir que as pessoas tivessem: a experiência de reconhecer Jesus como o Messias dos judeus. E, segundo, a experiência mostra Paulo solicitando que lhe seja feita uma exigência, exigindo uma exigência, por assim dizer: "Senhor, que queres que eu faça?". É como se ele quisesse que lhe fosse exigido algo novo que ele mesmo não pudesse exigir de si; ou, de fato, algo que as outras pessoas não pudessem exigir dele. Algo que somente Cristo poderia lhe pedir. Paulo obtém o oposto do que achava que queria. Portanto, nas palavras simples do teólogo John Barclay:

> Paulo era um judeu exemplar, zeloso, um estudante de primeiro escalão que progrediu mais que seus contemporâneos no judaísmo. Nesse zelo, foi uma figura-chave na perseguição à Igreja, vendo- -se plenamente justificado em fazê-lo pelas "tradições de meus ancestrais" (Gálatas 1:14). Mas então se viu confrontado por uma revelação de Cristo, pois havia sido diferenciado desde antes de seu nascimento e convocado pela graça (1:15–16). Tal graça não foi uma recompensa por sua excelência no judaísmo. Na realidade, Paulo percebeu que essa excelência o levara na direção completamente errada [...]. A graça de Deus lhe foi concedida sem levar em consideração os méritos ou deméritos dele. Deus não levou em consideração quem ele era nem o que havia feito, tampouco sua identidade étnica e seus sucessos ou fracassos morais exerceram qualquer influência no dom definitivo de Deus [...]. Deus deixa claro que o dom não é dado a receptores adequados ou dignos

segundo qualquer critério anterior; Deus subverte os próprios critérios segundo os quais alguém poderia atribuir valor a alguma coisa.[5]

A exigência que Paulo fez foi viver sem conhecer as demandas da vida; viver, em outras palavras, uma vida de fé e graça, e não de obras. Aquilo de que você precisa – sua salvação pela graça – é precisamente a única coisa que você não pode querer ou alcançar por si mesmo: "Deus subverte os próprios critérios segundo os quais alguém poderia atribuir valor a alguma coisa". Nada que o ser humano cria – até mesmo os critérios de valor – é, por definição, digno de confiança. Na linguagem lacaniana, pode-se dizer que Paulo substituiu um dito Grande Outro por outro Grande Outro. O Deus de sua tradição judaica exigia dele obediência à lei judaica; Jesus, o suposto filho de Deus, exige que ele deposite sua fé em um Deus cujas exigências não lhe são dadas a conhecer. O que lhe é revelado é que não pode saber o que se pede dele (nem, portanto, o que ele mesmo quer); e que aquilo de que mais necessita – a graça de Deus – é algo que nada pode fazer para obter (a esperança é sempre a esperança pela coisa errada). Como judeu, é possível – ao menos em certo grau – saber o que se exige de você; no cristianismo de Paulo, essa é a única coisa que você nunca poderá saber. O que se exige de Paulo é uma espécie de competência sem compreensão; o reconhecimento de que acredita em um Deus que jamais poderá conhecer, desconhecido e incognoscível. Trata-se de uma nova forma de fé que nada tem a ver com o conhecimento. Portanto, o que é revelado a Paulo no caminho até Damasco é que ele não possui agência em sua própria vida; sua vida não lhe pertence, em nenhum sentido. Sua conversão é o reconhecimento vivido dessa dependência absoluta, da dependência absoluta de Deus através de Jesus (e é isso que será retomado por Agostinho). A ideia de

---

5   John M. G. Barclay, *Paul and the Gift*. Grand Rapids: Eerdmans, 2015.

dependência absoluta em relação a algo diferente de si – ou diferente do ser humano – era, por assim dizer, a revelação tradicional. A dependência absoluta de um Deus específico, tido como o único – onisciente e onipotente –, foi a notícia anunciada no Antigo Testamento e concretizada no Novo Testamento. No entanto, a questão sempre foi a seguinte: a conversão de Paulo teria representado uma quebra ou um elo, uma ruptura ou uma recuperação? Seria ela o que Michael Thompson denomina uma recuperação das raízes judaicas do cristianismo, ou uma religião radicalmente nova?

Depois de Paulo, os tradicionalistas dirão: não se abandona a lei agora, não se trata a lei como algo que ela não é, o caminho até o coração de Deus. Os revolucionários dirão que a lei é a inimiga da graça; é um orgulho pecaminoso, um refúgio contra a fé; tentar fazer o seu melhor não passa de uma forma de arrogância, como se você fosse capaz de adivinhar os desejos de Deus e saber o que Ele quer (conhecer os desejos de Deus seria a onisciência definitiva). Em outras palavras, a conversão de Paulo, como seu legado deixa claro, elaborou os problemas que buscou resolver (não encerrou o comentário; pelo contrário, o estimulou). Paulo pode ter visto o que acreditava ser a verdade no caminho até Damasco, mas seus textos bem como os extensos comentários que eles geraram revelaram a ambiguidade e a indeterminação contínuas dessa verdade. Teria sido uma revisão, uma redefinição radical do judaísmo ou uma nova religião? Uma rejeição da tradição ou uma renovação dela? O que estava sendo acrescentado e o que, abandonado?

Isso nos leva a um dos pontos centrais da questão da conversão e, por conseguinte, de nossas histórias sobre mudanças significativas, bem como de nosso assombro diante da história da conversão de Paulo. Paulo não sabia o que queria, tampouco que queria algo além do que já queria: observar a lei judaica e, com isso, condenar os cristãos. Por meio do que veio a ser conhecido como sua conversão, o que ele descobriu não foi que não havia lei, mas que a lei não era o que pensava ser; o que Paulo descobriu não foram as exigências de Deus, mas que entendera errado a natureza dessas exigências e, consequentemente, a natureza do próprio Deus. Os antigos objetos, melhor dizendo, não foram abolidos, mas redescritos; boa parte do vocabulário antigo continuava presente – Deus, fé, lei, misericórdia, caridade, graça e assim por diante –, porém privilegiava-se a graça sobre a lei, preferia-se a fé à observância e mais amor e misericórdia entravam em cena. Em outras palavras – trata-se de um ponto óbvio, mas de consequência significativa –, nas experiências de conversão, deve existir algo ali para ser convertido; o novo só pode ser produzido a partir do antigo. E um dos meios pelos quais o novo se afirma talvez seja a retórica hiperbólica; fazem-se grandes afirmações, mas com o tempo o passado começa a transparecer. Paulo considerava Abraão seu precursor (em Gálatas 3 e Romanos 4, ele deixa claro que, para Abraão, a justificação pela fé era verdadeira e que, portanto, não se tratava de uma ideia nova; ele mesmo afirma, em Romanos 9, que Israel foi originalmente estabelecida pela misericórdia e graça divinas). Sempre houve, como Paulo reconheceu, o que John Barclay chamou de "a história de Israel moldada pela graça". As experiências de conversão, dentre outras coisas, sempre trazem o antigo disfarçado de novo (como manter o passado vivo? Tornando-o novo). De modo que talvez tenhamos de pensar na conversão também como conservação, como uma conservação que precisa ser recusada.

Vale a pena se perguntar, então, por que a experiência de conversão de Paulo segue sendo considerada a conversão mais famosa da história ocidental e o novo início do que viria a se tornar uma religião mundial. E, na mesma toada, por que as experiências de conversão adquiriram tamanha importância, representando para algumas pessoas o único emblema verdadeiro da mudança significativa. Em sua forma mais básica, a conversão nos mostra que podemos ser transformados, que algo (seja Deus ou alguma coisa em nós mesmos) está comprometido com nossa transformação e que existe algo além de nós capaz de nos transformar (como sugerem muitos comentadores, a conversão de Paulo foi um chamado; de fato, em seu livro *Paul*, John Barclay sugere que o termo "chamado" é "a palavra que ele [Paulo] usa para se referir ao que nós denominamos 'conversão'".[6] Isso também demonstra que não conhecemos – talvez não possamos conhecer – as transformações que buscamos (de antemão) –, e que, é claro, as mudanças que de fato ocorrem por si mesmas têm consequências imprevisíveis. Ora, isso demonstra que, sob o semblante de resolver algo, as mudanças significativas desestabilizam tudo (nada gera mais incerteza do que a certeza). E, talvez acima de tudo, que as mudanças traumáticas podem ser para o bem (algo de que a experiência vivida talvez nos levasse a duvidar). A experiência de conversão de Paulo, em seu sentido mais pleno e cósmico, é esperançosa. Ela compatibiliza mudança dramática e esperança. O mundo em si seria salvo. Poderíamos ser levados a crer que a maior mudança poderia conduzir à maior esperança – que a própria morte poderia ser nossa maior esperança. Pode-se dizer que se trata exatamente do oposto do comentário de James Joyce quando lhe perguntaram o que pensava da vida após a morte: "Não penso grande coisa nem desta aqui".

Na tradição paulina, as experiências de conversão não podem ser planejadas, arquitetadas, calculadas ou ensinadas (não nascem da persuasão); é esse, poderíamos dizer, seu poder subversivo, a força subversiva que Paulo atribuía à graça em si e que, até certo ponto, também podemos atribuir aos processos naturais de crescimento e declínio, bem como ao acaso. Para Paulo, as experiências de conversão se encontram nas mãos de Deus, e não no que ele chamava de mãos humanas (nesta história, qualquer coisa feita por pessoas está corrompida pelo pecado; de modo que a política ou o método científico só podiam ser considerados fundamentalmente falhos). No entanto, a experiência de conversão de Paulo lançou, digamos assim, precedentes, forneceu imagens, modelos ou exemplos de mudanças

---

6   Ibid.

significativas; e de por que poderíamos nos interessar também por mudanças além das "naturais" que não podemos evitar nem contornar (algo em nós precisa ser redimido). E isso levanta questões sobre as possíveis origens de tais mudanças, suas possíveis causas e consequências. Claro que, por definição, nas cosmologias judaico-cristãs, há uma única fonte para qualquer coisa significativa (e, por conseguinte, qualquer mudança significativa): Deus. Conforme veremos mais adiante, isso traz consequências esmagadoras para as histórias seculares de como podemos nos transformar e ser transformados. Um dos efeitos mais óbvios das experiências de conversão impelidas por Deus tem sido a busca por outras fontes, ou por fontes alternativas, de mudança e de estímulos para mudar, bem como por critérios seculares para estabelecer quais mudanças poderiam ser consideradas desejáveis na vida de alguém. Entretanto, continuamos a usar a experiência paradigmática de conversão de Paulo como medida para todas as experiências de conversão posteriores, das quais a de Agostinho é nossa segunda amostra exemplar – tomando como referência, por assim dizer, a de Paulo.

III

Não existe nada na literatura além de mudança, e a mudança é zombaria.
WILLIAM CARLOS WILLIAMS, *Kora no inferno: improvisações*

Em 386, aos 32 anos de idade, Agostinho, pouco antes de sua conversão – que poderíamos chamar de a segunda conversão mais famosa da história ocidental –, começou a ler as cartas de Paulo. Como veremos, um outro texto de Paulo também desempenhou papel central na experiência real de conversão de Agostinho. Como predecessor ou precursor, Paulo é importante em parte devido ao que passamos a chamar de aculturação – quer dizer, como Agostinho poderia saber que estava passando por uma experiência de conversão se, entre outras coisas, não tivesse lido Paulo? Mas também importa porque, no rastro das experiências de conversão, como afirmo, sempre surge o ceticismo em relação a elas (e isso envolve alguma espécie de reconstrução da experiência relatada). Conforme vimos, com o tempo a conversão de Paulo fez as pessoas se perguntarem se ele havia desenvolvido o judaísmo ou começado uma nova religião: seria possível considerar sua obra um desenvolvimento ou uma revolução, ou um desenvolvimento como revolução; algo totalmente antigo ou totalmente novo? Do mesmo modo, a conversão de Agostinho, analisada por um vasto volume de comentários, fez as pessoas se perguntarem: o que mudou, se é que mudou alguma coisa, e como isso se deu? Teria sido a mudança realmente tão repentina quanto aparentava ou, nas palavras de Hopkins, não passara de "uma habilidade doce e prolongada"?

No duplo movimento da conversão sempre há as proclamações e declarações do convertido ("foi como se uma luz de certeza derramada no meu coração dissipasse todas as trevas da dúvida", escreve Agostinho no Livro VIII das *Confissões*),[7] e, a seguir, o ceticismo complementar dos críticos ("O problema da conversão cristã", afirma Miles Hollingworth em seu livro sobre Agostinho, "é que precisamos despertar dela na manhã seguinte praticamente sem mudanças").[8] Sim, ocorre uma transformação dramática, mas não tão dramática quanto parece. É como se o que assombrasse todas as religiões – e mais tarde todas as terapias seculares – fosse o fato de que o desejo de mudança pode exceder a capacidade de mudança. "O imenso desafio de qualquer biografia de Agostinho, para eruditos e para leitores", diz Hollingworth, "é fazer do evento de sua conversão cristã no verão de

---

7 Santo Agostinho, *Confissões*, trad. Lorenzo Mammi. São Paulo: Penguin Companhia, 2017, Livro VIII, cap. VII, §29.
8 Miles Hollingworth, *Saint Augustine of Hippo*. New York: Oxford University Press, 2013.

386 a chave para sua história de vida assim como ele, por sua vez, decidiu fazer dessa história de vida a chave para grande parte da tradição intelectual ocidental posterior."[9] Uma pergunta moderna, psicológica em vez de teológica, seria então: por que existe tanto o desejo de que haja uma chave para a história de vida de alguém como o desejo de que essa mesma chave resida em uma transformação dramática? Como imaginamos uma vida, se consideramos que ela depende de experiências de conversão ou algo do gênero?

Enquanto no caso de Paulo houve um debate, conforme vimos, acerca da adequação da palavra "conversão" e de se ela seria uma palavra plausível na Antiguidade para descrever sua experiência, quando chegamos a Agostinho ninguém parece questionar se esse seria o termo certo para definir o que lhe aconteceu no jardim de Milão. Em sua magnífica biografia de Agostinho, Peter Brown usa a palavra "conversão" entre aspas para se referir ao compromisso gradual de Agostinho com a filosofia; no entanto, observa, sem aspas, que "nas *Confissões* [...] temos as palavras autênticas de um convertido",[10] e cita Agostinho no Livro IX:

> Não me saciava, naqueles dias, da admirável doçura de refletir sobre a excelência de teu julgamento para a salvação do gênero humano. Quanto chorei, comovido profundamente por teus hinos e cânticos, que faziam ressoar suavemente tua igreja! Aqueles sons enchiam meus ouvidos e destilavam a verdade em meu coração; um sentimento pio transbordava dali, e escorria em lágrimas; e elas me faziam bem.[11]

Por que "as palavras autênticas de um convertido"? Porque Agostinho descobriu uma dependência absoluta; agora ele sabe que tudo

---

9   Ibid.

10   Peter Brown, *Santo Agostinho, uma biografia* [1967], trad. Vera Ribeiro. Rio de Janeiro: Record, 2020, p. 152.

11   Santo Agostinho, *Confissões*, op. cit., cap. VI, §14.

que possui valor nele mesmo e no mundo vem de Deus. "A noção de objetivo e continuidade", afirma Brown, "é o traço mais marcante da 'conversão' agostiniana";[12] sua vida agora parece completa devido ao reconhecimento incontestável de Deus como a fonte e o juiz. No entanto, Brown também qualifica isso de uma forma agora familiar, ao menos para a nossa sensibilidade moderna. "As preferências da era agostiniana", observa ele, notando a popularidade do gênero,

> exigiam uma história dramática de conversão, o que poderia ter levado ele a encerrar as *Confissões* no Livro IX. Mas Agostinho, em vez disso, acrescentou outros quatro longos livros. É que, para ele, a conversão já não bastava. Esse tipo de experiência dramática não deveria levar seus leitores à ilusão de que poderiam livrar-se de sua identidade anterior com grande facilidade. O "porto" do convertido continuava a ser açoitado por tempestades; Lázaro, imagem viva do homem antes morto sob a "massa do hábito", fora despertado pela voz de Cristo, mas ainda teria de "se expor", "revelar seu eu mais íntimo na confissão", se quisesse se libertar. "Quando se houve um homem confessar, sabe-se que ele ainda não está livre."[13]

Atribuindo (corretamente, na minha opinião) tais dúvidas sobre a finalidade da conversão ao próprio Agostinho, Brown – e talvez o próprio Agostinho – nos lembra da questão essencial: o que acontece com o passado na experiência de conversão? Trata-se de uma versão da pergunta: quanto tempo dura uma experiência de conversão? Quanto tempo ela leva, quando começa e quando termina? ("Esse tipo de experiência dramática", diz Brown, "não deveria levar seus leitores à ilusão de que poderiam livrar-se de sua identidade anterior com grande facilidade.") De fato, é improvável que se possa abolir a identidade passada. Então, se não é abolida,

---

12   P. Brown, *Santo Agostinho, uma biografia*, op. cit., p. 135.
13   Ibid., pp. 214–15.

sob qual semblante sobrevive? Talvez existam continuidades, inquietantes ou não, entre a identidade passada e a identidade após a transformação dramática; continuidades mais ou menos subversivas ou desconcertantes, mais ou menos reconfortantes e consolidadoras. A conversão, afirma o Agostinho de Brown, é um trabalho contínuo; a própria experiência de conversão inicia algo; ou, no caso de Agostinho, retorna a algo, recupera algo. "Ao contrário da conversão de Paulo", escreve Robin Lane Fox, "a dele foi um processo longo e lento, que exigiu um salto final."[14]

Em um de seus primeiros textos após a conversão, Agostinho refere-se à religião cristã como algo que havia sido "inserido em nós quando meninos e que se entranhou até a medula, no nosso mais íntimo".[15] Assim, Lane Fox, em seu livro recente – que leva o título significativo *Augustine: Conversions to Confessions* [Agostinho: de conversões a confissões], a fim de sugerir que a conversão de Agostinho foi cumulativa –, em vez de contestar a ideia de conversão para Agostinho, justifica-a etimologicamente. "A palavra latina *conversio* tinha um escopo mais amplo", afirma.

> Poderia significar um retorno a Deus por parte de alguém que havia virado as costas (*aversio*). Literalmente poderia se referir à transformação de uma congregação em igreja, como aprendemos em um dos sermões de Agostinho [...]. Menos familiar para nosso uso em inglês, *conversio* poderia ainda se referir a Deus voltando-se a Seu próprio universo ou aos indivíduos que existem nele. É com esse sentido, de um movimento de Deus que se volta em nossa direção, que a palavra *conversio* é empregada pela primeira vez nas *Confissões*.[16]

---

14 Robin Lane Fox, *Augustine: Conversions to Confessions*. New York: Perseus, 2015.
15 Ibid.
16 Ibid.

Temos aí, portanto, para Agostinho, a conversão como um retorno, uma volta a algo, "uma reversão" após virar as costas (notoriamente, suas ambições retóricas, sua devassidão e seu maniqueísmo); porém também temos a conversão de Agostinho descrita por Lane Fox como uma "conversão culminante"[17] – ou seja, a última de uma série de conversões que definiram sua vida. Temos, além disso, numa espécie de eco de Paulo, uma volta ao agente da mudança: Deus. No caso de Agostinho, ao contrário de Paulo, existe o desejo de conversão (desejo talvez em parte evocado por Paulo); e, como Paulo, certa impotência em querer isso. A mudança que a conversão traz consigo depende inteiramente de Deus, de algo situado para além da agência ou dos recursos humanos. E tal relato de mudança só poderia ser secularizado, nas terapias modernas, por meio de uma espécie de inversão mágica: a mudança como algo que depende apenas da agência e dos recursos humanos. Vale frisar que outro elemento da secularização consiste em não substituir uma onipotência por outra. E, ao retirarmos a onipotência e a onisciência de cena – o Deus no qual Paulo e Agostinho confiavam –, as mudanças possíveis em uma vida pareceriam estar disponíveis (não é mais claro o que é uma boa mudança). Não parece ser por acaso, nessa história mais ampla – e isso é algo a que retornarei –, que algumas das terapias psicanalíticas modernas se organizem em torno da compreensão de que a parte onipotente e onisciente do self sabotaria a mudança e o desenvolvimento.

Para Paulo e Agostinho – paradigmas da tradição judaico-cristã –, uma única mudança tem valor, e dela derivam todas as mudanças valiosas. Essas conversões cristãs dão o ritmo e o modelo para as mudanças desejáveis e significativas que podem ocorrer na vida. São, por assim dizer, os gênios diretores que assombram e moldam nossas cenas de transformação aparentemente seculares,

---

17 Ibid.

nossas crenças e suposições sobre como se transformar e ser transformado. Visto que são histórias de "antes e depois", envolvem narrativas bastante elaboradas sobre precondições e consequências; contudo, precondições e consequências concentradas em um evento emblemático, a experiência de conversão, que também podemos conceber como precursor das epifanias modernistas – esses momentos que lançam luz e transfiguram aquilo que T. S. Eliot (ele próprio um famoso convertido) chamou de "vidas desordenadas", em um ensaio sobre Walter Pater. Assim, para concluir – e para comparar com Paulo como precursor –, quero analisar brevemente a famosa cena de conversão no Livro VIII das *Confissões*, no jardim em Milão.

"Mas, do fundo arcano de onde essa profunda meditação trouxe e amontoou perante meu coração toda a minha miséria, surgiu uma grande tempestade, carregando chuva intensa de lágrimas", escreve Agostinho. "'Não guardes memória das faltas de nossos antepassados.' Com efeito, sentia que eram eles que me retinham."[18] Paulo, devemos lembrar, não estava perturbado, exceto pelo desejo moralista e irado de punir os seguidores de Jesus. Agostinho, no entanto, entra em um estado bastante perturbado no jardim da casa que está compartilhando em Milão. Está com seu amigo Alípio, de quem se afasta para poder chorar, "para ficar onde sua presença não me fosse onerosa".[19] Busca alívio e liberação de uma grande turbulência e tensão interna. "Eu me joguei não sei como sob uma figueira, e soltei as rédeas às lágrimas."[20] A figueira é com frequência interpretada como referência simbólica à figueira de Adão no Gênesis, e, tal como Paulo, vai-se ao chão, perde-se a visão (desta vez por meio de lágrimas copiosas) e ouve-se uma voz. Como Paulo, Agostinho é mais tomado por algo que ouve do que por algo que vê:

---

18 Santo Agostinho, *Confissões*, op. cit., Livro VIII, cap. VII, §28.
19 Ibid.
20 Ibid.

> E eis que de uma casa próxima ouço uma voz, como de meninos ou meninas, não sei, que diziam e repetiam sem parar, cantando: "Pega, lê, pega, lê". Imediatamente, mudando de expressão, comecei a cogitar se alguma vez, em algum tipo de brincadeira, as crianças costumavam cantar algo parecido, mas não me ocorreu tê-lo ouvido em lugar nenhum; então, reprimido o impulso das lágrimas, me levantei, julgando que não podia interpretar aquela ordem divina de outra maneira, senão abrindo o livro e lendo o primeiro versículo que encontrasse [das Epístolas de Paulo]. [...] "Não em orgias e bebedeiras, nem em devassidão e libertinagem, nem em rixas e ciúmes, mas vesti-vos do Senhor Jesus Cristo e não procureis satisfazer os desejos da carne". Não quis ler mais, nem era preciso.[21]

Agostinho ouve algo de uma fonte desconhecida ligada à infância, "Pega, lê, pega, lê"; não consegue lembrar, conforme escreve em outro lugar, se isso vinha de uma fonte conhecida, mas depois lembra-se de outra pessoa lendo e ouvindo uma experiência de conversão, o que o leva a abrir o texto de Paulo e, à primeira vista ao acaso – lendo "o primeiro versículo que encontrasse" – encontra exatamente o texto de que precisava. Uma coisa leva à outra, mas se trata de uma experiência completa em si mesma: "Não quis ler mais, nem era preciso". É como se toda uma série de coisas, de repente, formasse um todo. Há desespero, a escuta de algo ao acaso, a memória de uma leitura e uma experiência de leitura; é, de fato, uma cena de transformação estimulante para os departamentos de literatura. Para Paulo e Agostinho, trata-se, em parte, de uma cura pela escuta; e definitivamente de uma cura pela linguagem – ou, como ambos diriam, de uma redenção pela palavra. Ao contrário de Paulo, Agostinho não exige nada; ainda assim, como Paulo, ele agora se vê informado, por assim dizer, do que realmente precisa

---

21 Ibid., Livro VIII, cap. VII, §29.

e, portanto, quer. Em um vocabulário mais psicanalítico, podemos dizer que o que se revelou a Agostinho é o que chamaríamos de seu desejo. Saber o que ele realmente quer lhe dá uma vida; e, em retrospecto, permite-lhe entender sua vida passada (as experiências de conversão sempre explicam o passado e lhe dão sentido, como se somente um novo futuro pudesse tornar o passado inteligível). Uma vida, para ser uma vida – segundo essa tradição –, exige um objeto de desejo. Uma vida se organiza em torno dos movimentos de afastamento e aproximação do objeto de desejo (e, em uma das versões dessa história, é como se o verdadeiro objeto de desejo já fosse conhecido, algo a ser reencontrado: a conversão de Agostinho foi, nas palavras de Lane Fox, uma "reversão"). A mudança é sempre a mudança do objeto de desejo ou sua recuperação. O convertido enfim obteve o que queria e, desse modo, sua vida está em ordem. Segundo tal narrativa, as vidas têm potencialmente uma forma verdadeira ou real que pode ser – e foi – desfigurada (existe um objeto de desejo verdadeiro e real). As experiências de conversão nos tranquilizam ao indicar que existe uma vida essencial a ser vivida; e, em termos seculares, é muito fácil transformar isso na vida preferível ou na vida perdida, na vida que ficou para trás. Ou seja: como muitas tranquilizações, esta, por si só, é uma forma de tirania.

Ou você sabe ou você não sabe o que quer e, de todo modo, isso não está em suas mãos (nenhum querer vem com garantias); de fato, após Paulo e Agostinho, pode-se dizer que a questão não é se você quer a mudança, mas se a mudança quer você (você está nas mãos de Deus) ou, em termos mais banais, se você quer a mudança (um chavão do tratamento psicanalítico é que o paciente chega à psicanálise para mudar permanecendo o mesmo). Por esse motivo, os exemplos de Paulo e Agostinho são difíceis de redescrever em termos seculares; é difícil converter, digamos assim, as histórias de conversão judaico-cristãs em seus equivalentes seculares. Se Deus é retirado da equação – uma figura que deseja que você mude, que deseja o seu desejo de mudar; uma figura que tanto sabe o que está acontecendo como o que deveria estar acontecendo –, perde-se de uma maneira muito concreta a capacidade de falar sobre a mudança; exceto, claro, na linguagem da política, da filosofia, da biologia e da psicologia. A mudança está relacionada, por assim dizer, ao propósito; de modo que a questão se torna: mudar para quê? É evidente que todas as nossas histórias sobre mudança são ditadas por nossos ideais culturais, pelos tipos de pessoas que somos incentivados a ser.

O impressionante é como as histórias modernas sobre mudança – aqui representadas pelos comentários modernos sobre as experiências antigas de conversão – privilegiam a evolução sobre a revolução, o desenvolvimento gradual sobre a transformação radical e repentina. Existe um ceticismo predominante quanto à verdade e ao valor da transformação pessoal dramática e benigna, como se houvesse, por assim dizer, um compromisso correspondente com a transformação pessoal dramática e maligna do trauma; as epifanias se tornaram objeto de desconfiança. Como se a vida não pudesse mudar de forma súbita e surpreendente para melhor, mas pudesse mudar de forma repentina e chocante, às vezes irreversível, para pior. Como se as únicas experiências de conversão em que muitos de nós hoje acreditamos fossem traumas. Em outras palavras, já não há confiança quanto à existência ou possibilidade de existência de forças benignas de mudança; ou então está difícil localizar tais forças na ausência de um Deus. O que deve ser um sinal dos tempos. As conversões de Agostinho, afirma Robin Lane Fox, "não são conversões de uma crença não cristã para o cristianismo. O que elas converteram foi a retórica, a ambição mundana e o sexo".[22] Talvez a questão perene seja: do que desejamos nos converter? E será que a conversão de fato consegue dar conta do recado?

---

22 R. L. Fox, *Augustine*, op. cit.

Converter a política

I

*Tudo parece permanente até que seu segredo
seja conhecido.*
RALPH WALDO EMERSON, *Círculos*

A ideia de conversão é uma das analogias preferidas de Freud para descrever processos inconscientes; em sua concepção, convertemos inconscientemente partes de nós mesmos em prol da sobrevivência (psíquica). Na visão de Freud, convertemos a excitação sexual em sintomas somáticos: por meio do que ele denomina "trabalho do sonho", convertemos – à noite, durante o sono – percepções, desejos, o "conteúdo latente" no "conteúdo manifesto do sonho". Contudo, logicamente, ele empresta essa analogia de algo que, com frequência, em suas versões religiosa e política, constitui um projeto determinado e aparentemente consciente demais. De modo que é interessante quando se adota o termo no campo político, porém com as associações e conotações freudianas.

Étienne Balibar, filósofo político francês e ex-aluno do marxista radical Louis Althusser (o qual, como é sabido, assassinou sua esposa), abre sua série de palestras para as Wellek Lectures,[1] intitulada *Violence and Civility* [Violência e civilidade], refletindo acerca do que ele chama de "a conversão da violência em instituições, leis ou poder/autoridade [*pouvoir*], bem como a possibilidade de que exista uma forma *inconversível* de violência chamada de crueldade".[2] Balibar entende por conversão "[não apenas] a sublimação ou espiritualização, mas [...], acima de tudo, a transformação (histórica) da violência em uma *força produtiva*, a abolição da violência como força destrutiva e sua recriação como energia interna".[3] Para Balibar, a política diz respeito a descrever ou reconhecer o que poderia impossibilitar a própria política; e isso depende de uma distinção entre violência conversível e inconversível. Segundo a concepção de conversão de Balibar, há uma abolição – da violência como força destrutiva – que é, então, recriada como uma energia interna produtiva; a violência é abolida como uma coisa (destrutiva) para poder ser recriada como outra coisa. Se isso fosse uma simples questão de pragmatismo e linguagem, poderíamos dizer: a violência destrutiva é redescrita como uma energia vigorosa produtiva para então poder ser utilizada de forma diferente (para a civilidade, por exemplo). No entanto, é evidente que isso não é o que Balibar tem em mente; e isso se reflete na dificuldade dele em explicar precisamente como se dá tal conversão fundamental; a conversão na qual uma versão da natureza humana se transforma na colaboração que é a política, em que as pessoas constroem uma história que vale a pena ser vivida e que justifica essa conversão ao máximo. A conversão, na visão de Balibar, é uma

---

1   Série de palestras apresentadas anualmente por um teórico crítico na Universidade da Califórnia em Irvine, cujo nome celebra o crítico René Wellek. [N. T.]

2   Étienne Balibar, *Violence and Civility: On the Limits of Political Philosophy*, trad. G. M. Goshgarian. New York: Columbia University Press, 2015, p. 24.

3   Ibid., pp. 33–34.

recriação; e isso inclui a crença de que o material já existente, a violência, não só pode ser transformado como pode ser transformado em algo mais desejável. Ao menos é essa a sua questão: isso é possível, e em que medida não passa de uma fantasia?

Muita coisa depende do que pode e não pode ser convertido; e do que, supostamente, existe ali para ser convertido. Na visão de Balibar, é claro que não é a violência que está sendo convertida, e sim a violência das pessoas (a menos que acreditemos que exista algo dentro das pessoas chamado violência que poderia ser quimicamente convertido em outra coisa). Devemos observar isso porque, nas narrativas de conversão, seleciona-se algo em uma pessoa para ser convertido – a pecaminosidade, a violência, a sexualidade, a crença religiosa, os corações e as mentes – enquanto há outras coisas que não passaria pela nossa cabeça tentar converter (a dependência delas quando eram bebês, a cor de seus olhos, seus corpos mortos). Ou seja, a conversão é uma forma de atenção bem seletiva (o convertido vai muito além de sua conversão, goste ou não disso). E ela precisa definir o que converte de um modo tal que o torna conversível, a fim de nos levar a pensar que isso que está sendo convertido é passível de conversão (tanto o católico como o comunista acreditam que o material pode ser trabalhado, o material da natureza humana; que uma pessoa pode ser recriada ou renascer como algo bastante diferente). Nesse sentido, a conversão constitui um processo definidor – apesar de tácito e implícito – e transformador. Se algo pode ser redescrito de determinada maneira, pode ser convertido; caso contrário, não. Não se pode converter um homem em um cavalo, mas talvez seja possível converter um homem em monstro.

Assim como, no início, Freud se perguntava – e o uso que Balibar faz da palavra "sublimação" e suas referências a Lacan evocam a psicanálise, assim como o termo "espiritualização" evoca a religião – o que haveria de conversível na sexualidade, para o bem e para o mal, a força fundadora com a qual Balibar trabalha é a violência. E, tal como Freud se perguntava o que seria intratável na sexualidade e o que nela poderia haver de satisfatório, Balibar nos convida a refletir: se a matéria da política é a violência – a violência criada pela escassez e frustração, pela desigualdade e censura, pela exploração e dominação –, que tipo de civilidade seria possível? "Afirmar", diz Balibar, "que a política é uma conversão da violência [...] é um modo de dizer que a violência deve se provar conversível: deve-se provar que ela pode ser convertida pela política e que a história é o processo dessa conversão"[4] – em oposição, presume-se, à ideia de que a história consiste precisamente no fracasso contínuo dessa conversão essencial. A prova da política, a prova de que existe algo que se pode chamar de política, é sua capacidade de converter de forma produtiva a violência destrutiva. O que Balibar chama de "a precariedade da política"[5] depende de tais conversões. O que ele busca entender é "como 'civilizar' um movimento revolucionário a partir de seu interior, como introduzir a antiviolência que chamo de civilidade no próprio coração da violência de uma transformação social".[6] Ou seja, a crença na conversão é, em essência, otimista, se não de fato utópica, já que afirma que o material a ser convertido – chamemos de natureza humana – é, essencial e potencialmente, todo ele voltado para o bem. Toda transformação social é violenta e trata da violência, sugere Balibar, porém só tem valor se também contiver dentro de si a civilidade da violência convertida. Se se acredita, como ele postula, que "um movimento político coletivo" é capaz de "transformar estruturas de dominação que não desaparecerão de forma espontânea"; ou em um movimento "decidido a mudar a mudança", como ele afirma de forma envolvente, então deve-se acreditar na conversão e no que está ali para ser convertido.[7] Conversão, portanto, como chave para transformação política. Muito embora a ideia de conversão – mesmo

---

4 Ibid., p. 34.
5 Ibid., p. 97.
6 Ibid., p. 103.
7 Ibid.

na versão política de Balibar – não pareça ter como objetivo mudar a mudança, mas convocar uma forma de mudança já bastante familiar. De fato, as dúvidas de Balibar sobre seu projeto político talvez se localizem, quem sabe de forma inconsciente, no uso que faz dessa palavra específica.

Como sempre, então, para colocar de forma esquemática, quando se trata de conversão há quatro perguntas: o que deve ser convertido, quem ou o que fará a conversão, como ela será realizada e qual o resultado pretendido (ou presumido)? Para Balibar, a violência deve ser convertida pela política: não importa se essa conversão é feita através da revolução ou do processo democrático, seu objetivo deve ser criar uma política de civilidade em vez de uma antipolítica de crueldade. Para tornar uma história de conversão inteligível, no entanto – e aqui me interessa quando e por que a palavra "conversão" é a que vem à mente em qualquer dado contexto –, devemos observar o que se considera inconversível: tanto o que se supõe que o inconversível seja como seus efeitos (o que pode restar ou sobrar, após uma conversão bem-sucedida, e quais podem ser seus efeitos).

O que chama a atenção do Freud do início de carreira na sexualidade é o quanto ela é conversível em uma gama de sintomas e sublimações; e ela só é tão conversível, a seu ver, porque é tão perturbadora, tão incontrolável que necessita ser gerenciada por meio da conversão (como se dissesse: o que mais se poderia fazer com "isso", além de convertê-lo?); o insuportável tem de ser convertido em nome da adaptação.

"A representação intolerável", afirma Freud em "As neuropsicoses de defesa", de 1894 (lembrando que a representação intolerável é de cunho sexual), "é tornada inofensiva pelo fato de sua soma de excitação se transformar em algo somático";[8] e é por esse motivo

---

8 Sigmund Freud, "As neuropsicoses de defesa" [1894], in *Obras completas*, v. 3, trad. Paulo César de Souza. São Paulo: Companhia das Letras, 2023, p. 32

que ele propõe o nome de "conversão", em seu primeiro uso do termo. Por meio da conversão, algo intolerável se torna inofensivo. O indivíduo precisa sobreviver a sua sexualidade, de modo que a sexualidade deve ser conversível (o fato de a sexualidade ser o tipo de coisa apta a ser convertida é algo que Freud toma como certo, o que por si só já abre novas formas de discorrer sobre a sexualidade: como meio artístico, ela pode ser transformada; como força, pode ser canalizada; como conjunto de crenças, pode ser redescrita; as ideias podem ser transformadas em sofrimento corporal). No relato de Freud, a conversão atua nos alienando do desejo, de nosso verdadeiro prazer, porém trazendo consigo outros prazeres.

A conversão, para Freud, é o melhor exemplo do pior tipo de adaptação: o sacrifício do prazer sexual em prol da sobrevivência psíquica. A psicanálise almejava servir de cura para a conversão inconsciente da sexualidade em sintomatologia. Há, como podemos ver, os usos da conversão; e a conversão como um problema em si. Depois, existe a questão do que é considerado inconversível para além dessa forma de aculturação. O risco, por exemplo, é de que o inconversível desminta o conversível; que a crueldade desminta a civilidade. Que a chave para a conversão, por assim dizer, seja, na pessoa, aquilo que resiste à conversão. Afinal, a conversão pode mudar tudo, mantendo tudo igual. Após ser transformada em sintoma somático, a representação intolerável de Freud continua presente; apenas foi "recriada", para usar o termo de Balibar, na qualidade de um sintoma somático. Deus criou o mundo a partir do nada, disse Paul Valéry, mas o nada transparece. Na civilidade de Balibar, a violência destrutiva pode fazer sentir sua presença mesmo em sua aparente ausência. O que foi convertido jamais é abolido. Esse, ao menos, é o temor de Balibar, e a esperança paradoxal de Freud.

Para Freud, o inconversível na sexualidade é o desejo de satisfação: por mais que se sublime, reprima, recalque, desloque ou negue o impulso sexual, continua-se buscando a satisfação. Para o Freud tardio, o inconversível é a pulsão de morte, que, por definição, não pode ser nem abolido nem recriado como algo mais animador e produtivo. Já para Balibar, o que se chama de crueldade – que claramente se relaciona à pulsão de morte de Freud e, de forma mais explícita, à "Coisa" de Lacan – é a violência incapaz de ser convertida (isto é, controlada). Balibar cita como exemplos os genocídios e as limpezas étnicas do fascismo. Em ambos os relatos, tanto no de Freud como no de Balibar, as conversões possíveis se veem assombradas e moldadas por aquilo que presumimos ser inconversível. De fato, o inconversível sempre é o sabotador em potencial do convertido; ele é o horizonte da conversão. Ou melhor, o inconversível é aquilo que impõe um limite absoluto à conversão (no relato de Freud, o sexo pode ser convertido em sintomas, porém, como ele observou de forma célebre, os sintomas do paciente *são* sua vida sexual). E, ao impor tais limites, o inconversível expõe, ou superexpõe, as suposições daqueles que estão determinados a converter as pessoas; suposições sobre o que consideram ser ou parecer ser a natureza humana. Suposições sobre o que pode ser chamado de pureza da mudança, sobre o quanto os processos e projetos de transformação podem ser absolutos e irreversíveis (tanto de uma perspectiva política como pessoal). Quando Freud escreve sobre o retorno do recalcado, refere-se a conversões que já não podem ser sustentadas, a experiências de conversão que entram em colapso. As pessoas são também aquilo que não se pode concluir sobre elas, ou que não se pode fazer delas. Nós somos também as conversões a que resistimos, e até mesmo as conversões pelas quais nos sentimos tentados (além disso, o repertório de conversões que evitamos diz algo a respeito de nós mesmos). Ao nos descrevermos, nunca se torna claro se preferimos nos definir pelo que consideramos ser inconversível em nós ou por aquilo em nós que pode ser convertido; o essencialismo se situa do lado do inconversível, o pragmatismo enxerga no inconversível uma tirania e uma provocação.

Para Balibar, qualquer civilidade possível na política encontra-se sempre sob a ameaça de uma crueldade indelével. "Como se impedir de ser fascista, mesmo (e especialmente) quando se acredita ser um militante revolucionário?", escreve Foucault no prefácio do *Anti-Édipo*, de Gilles Deleuze e Félix Guattari. "Como livrar nosso discurso e nossos atos, nossos corações e nossos prazeres, do fascismo?"[9] Na experiência de conversão que é nossa passagem da infância à vida adulta, somos, em algum ponto, claramente fascistas malconvertidos ou convertidos de forma incompleta. Trata-se de uma questão, conforme postula Balibar, de onde "traçamos a fronteira entre o que é conversível nas relações de poder e o que não é".[10] Uma questão de onde traçamos a fronteira, mas também do que acontece com o inconversível, uma vez que, por definição, nada ou muito pouco se pode fazer com ele (talvez só se possa reconhecê-lo e agir de acordo; ou assumir, como se fôssemos pragmatistas, que, simplesmente, ainda não podemos fazer o que bem entendemos com isso).

Em todas as histórias de conversão existe, portanto, um medo persistente (que também pode ser uma garantia) do inconversível, do que resiste à conversão daquilo que, no fim das contas, não passa de uma redescrição, por mais que esta tenha sido conquistada com grande esforço. Na história de Freud e Balibar, aquilo que não se pode converter é o que nos coloca em perigo; é, na realidade, o que ameaça ridicularizar todas as nossas conversões, todos os nossos ideais (embora, na linguagem psicanalítica atual, possamos dizer que somos sustentados apenas pelo que está além de nossa onipotência: a pior coisa que pode acontecer a uma criança é conseguir converter seus pais). Para Freud, o emblema absoluto do inconversível, como afirmei, era o que ele denominou pulsão de morte, Tânatos. Apesar de tentativas constantes, não há como converter

---

9   Michel Foucault, "Preface", in G. Deleuze & F. Guattari, *Anti-Oedipus: Capitalism and Schizophrenia*, trad. Robert Hurley, Mark Seem e Helen R. Lane. New York: Penguin, 2009, p. XLII.

10 É. Balibar, *Violence and Civility*, op. cit., p. 125.

ninguém a não morrer ou a não fantasiar sobre matar os outros. De fato, historicamente, não se obteve grande sucesso no projeto de reduzir, quanto mais de converter, a violência humana. Nesse sentido, a vontade de conversão é sempre o reconhecimento de algo intransponível ou temido como tal. Onde quer que houvesse uma experiência de conversão, houve algum tipo de reconhecimento prévio de que existia algo ameaçador que era insuportável; algo considerado essencial que se viu tentado e atenuado pela esperança de sua transformação. Desse modo, a conversão torna-se a cura para um essencialismo maligno.

Porém, se por trás há sempre o medo (e o conforto) de que existe algo em nós que não pode ser mudado, há também o medo complementar (e o desejo) de que qualquer coisa e tudo em nós possa ser mudado; e mudado por meio da conversão ou de algo do gênero. De maneiras diferentes e semelhantes, os esquemas políticos utópicos do século passado – o fascismo e o comunismo – estavam comprometidos com a reinvenção do humano; com a criação de novos tipos de pessoas; com a recriação da natureza humana. Aqui está em jogo uma espécie diferente de essencialismo: em sua forma mais extrema, o essencialismo de que não existe nada essencialmente fixo na natureza humana; ou, no caso do fascismo e do comunismo, a recuperação de uma natureza humana perdida ou abandonada, uma natureza humana a qual se viu pervertida pelo capitalismo e pelas diferenças raciais e étnicas, a qual, por meio da violência, pode ser convertida em versões supostamente melhores e redimidas. De fato, como bem sabe Balibar, quando se fala em conversão, inclusive conversão da violência, muitas vezes a violência é necessária. O que, inevitavelmente, complica seu projeto de converter a violência destrutiva em política, e na política de civilidade que ele promove.

Onde Balibar, portanto, vê que nossa crueldade inconversível está sempre ameaçando minar a política e a confiança na política, Wendy Brown vê o neoliberalismo – que ela define em *Undoing the Demos* [Desfazendo o *demos*] como "uma forma peculiar de razão que configura todos os aspectos da existência em termos econômicos" – na forma de algo que "desfaz silenciosamente os elementos básicos da democracia" com sua própria violência, sutil mas não tão sutil assim.[11] Tal como Balibar, Brown recorre à ideia de conversão, porém em sua versão mais maligna, lembrando-nos dos perigos que ela representa para a vida política. Ela sugere que, em nossos tempos, há um tipo contemporâneo de conversão que vem destruindo a possibilidade da política, que a autora enxerga como política democrática e à qual se refere como "a soberania popular". Brown descreve "a *conversão* dos processos, sujeitos, categorias e princípios políticos em econômicos";[12] e, agora que esse discurso se tornou, como consequência dessa conversão, "o capital do mercado eleitoral, então o discurso compartilhará necessariamente dos atributos do capital: valoriza-se por meio do investimento calculado e aumenta a posição de seu portador ou proprietário", diz ela.[13] É evidente que as experiências de conversão têm alguma capacidade de nos dizer alguma coisa essencial sobre o que está, e o que não está, acontecendo conosco no momento, do ponto de vista da política. E, pela mesma razão, sobre o que está acontecendo com nossa linguagem, com nosso discurso. Talvez devêssemos nos lembrar de que, qualquer que seja a violência da conversão, a linguagem é sempre necessária. Alguém é convertido para e por meio de alguma coisa que possa ser dita ou escrita.

A conversão descrita por Brown é uma conversão da linguagem. Nosso discurso torna-se algo em que pensamos como um investimento, algo apenas e unicamente instrumental para nosso sucesso econômico, que serve a nossas ambições de ganho pessoal. De modo

---

11 Wendy Brown, *Undoing the Demos: Neoliberalism and the Stealth Revolution*. New York: Zone, 2015, p. 17.

12 Ibid., p. 158.

13 Ibid.

que o que antes talvez pensássemos como sendo uma linguagem compartilhada torna-se uma linguagem calculada para transformar aquilo mesmo que se compartilha em uma empreitada lucrativa (e o âmbito político passa a constituir o mundo compartilhado oficial). Se a própria linguagem se afigura como mercadoria – algo em que investir –, do que então ela será incapaz ou relutará em fazer? (Como serão os poemas do neoliberalismo?) Se é sempre a ambição da conversão (e da política) que cria ou obriga o consenso ou a uniformidade de pensamento, então ela sempre será inimiga das diversidades e do pluralismo (a conversão circunscreve um vocabulário, as palavras certas na ordem certa). Portanto, embora não diga isso de maneira explícita, para Brown, a experiência de conversão é a inimiga da democracia; é como se a existência da democracia dependesse de deslegitimar a conversão como um bom modelo de mudança, tanto de uma perspectiva pessoal como política. A democracia falha quando permite que as experiências de conversão adentrem o reino da política. É como se devesse haver diálogo e argumentação contínuos onde houve ou há conversão. Uma conversão é uma conversa que falhou; ela contém um excesso de visões similares. Uma conversão é uma conversa que terminou. Há menos reivindicações rivais para conciliar, ou melhor, imaginar (pode-se pensar no desejo de converter como sendo o desejo de abolir a rivalidade; o desejo de não ouvir múltiplas vozes). O argumento de Brown segue assim:

> não é apenas que os mercados e o capital vêm corrompendo ou degradando a democracia, que as instituições e os resultados políticos estão sendo cada vez mais dominados pelas finanças e pelo capital corporativo, nem que a democracia vem sendo substituída pela plutocracia – um governo para e pelos ricos. Mais do que isso, é que a razão neoliberal, hoje onipresente na governança estatal e nos locais de trabalho, na jurisprudência, na educação, na cultura e em uma vasta gama de atividades cotidianas, vem convertendo em elementos econômicos o caráter distintamente político da democracia, o

significado e a operação de seus elementos constitutivos. As instituições, as práticas e os hábitos liberais democráticos correm o risco de não sobreviver a essa conversão.[14]

Se se trata aí de uma conversão – da democracia para a plutocracia, da razão para a razão neoliberal, da moral para o dinheiro –, o que exatamente implica ou envolve uma conversão para que exerça tanto poder? Brown insinua que tal experiência de conversão se assemelha a substituir uma língua por outra, ou a aprender uma nova língua, porém uma língua em que não existe contestação ou discordância; uma língua que faz parecer que as línguas concorrentes ou alternativas são irreais, ou nem sequer línguas de verdade; uma língua que, de fato, corrompe e degrada a democracia. Em outras palavras, o contrário de como a linguagem vem sendo descrita na assim chamada educação liberal. Um novo tipo de linguagem que é a derrocada da antiga: propaganda disfarçada de novo realismo. Desse modo, no relato de Brown, a razão neoliberal não é uma tradução (que poderia representar uma alternativa à conversão), mas uma violação. O que Brown descreve, na verdade, é a conversão final, aquela que põe fim a todas as possíveis conversões futuras. E há, é claro, um sentido em que isso seria verdadeiro para todas as conversões; por definição, os convertidos não supõem que haverá conversões futuras. As pessoas não tendem a se converter a algo "pelos próximos minutos", assim como não podem ser colonizadas por um ou dois dias. A conversão propõe um tipo de mudança que torna impensáveis outras formas ou formas futuras de mudança. É o tipo de mudança que torna todas as mudanças futuras redundantes. A conversão literalmente conduz ao melhor dos mundos possíveis; e então interrompe o tempo. Portanto, conforme Brown afirma em seu livro lúcido e envolvente, uma vítima inevitável da conversão para a razão neoliberal, para a linguagem da

---

14 Ibid., p. 17.

lucratividade e do mercado, é a educação liberal. "As consequências mais graves dizem respeito", diz a autora,

> aos efeitos que essa conversão exerce sobre a cidadania democrática no propósito, na organização e no conteúdo da educação pública superior [ela se refere aos Estados Unidos, mas também em geral]. Depois de mais de meio século em que a educação pública superior foi concebida e financiada como um meio de promover o igualitarismo e a mobilidade social, bem como de alcançar uma democracia amplamente educada e proporcionar profundidade e enriquecimento à individualidade, a educação pública superior, como boa parte daquilo que se encontra sob a ordem neoliberal, vê-se cada vez mais estruturada para consolidar, em vez de corrigir, as trajetórias de classe. Ao se dedicar a aumentar o valor do capital humano, agora ela renuncia ao projeto de formar um público preparado para participar da soberania popular.[15]

O que Brown opõe à conversão neoliberal da educação – que ela chama de "a saturação da educação superior pela racionalidade de mercado [que] converteu a educação superior de um bem social e público para um investimento pessoal em futuros individuais, futuros concebidos principalmente em termos de capacidade de ganho"[16] – é o igualitarismo, a mobilidade social, uma democracia amplamente educada, uma individualidade enriquecida, a correção das diferenças de classe, o bem social e público. Isso é, então, a experiência de conversão em sua face violenta, imperial e, para usar o termo de Balibar, cruel; a conversão que abole e substitui, em vez de desafiar ou aprimorar; a conversão como alternativa ao conflito. Ao que parece, a razão democrática, a razão igualitária, a razão educada liberal, tudo isso é demasiadamente conversível à razão neoliberal. O que a tornou

---

15   Ibid., p. 184.
16   Ibid., p. 181.

tão vulnerável ou tão desejosa de tal conversão? Quais foram as pre-condições (outra palavra-chave ao se pensar em conversão) que a tornaram desejada e aparentemente tão bem-sucedida? Aquilo que queremos de uma experiência de conversão – e o fato de que possa-mos querer uma experiência de conversão em vez das muitas outras formas de mudança disponíveis – deve servir de pista para o que acre-ditamos que nos falta, para as experiências que não estamos tendo nas experiências que estamos tendo. E para o que não suportamos na mudança: o fato de, por exemplo, ela ser sempre provisória e incerta; de representar um risco sem garantias; de apresentar consequências imprevisíveis; de tornar-nos vulneráveis demais, e assim por diante. A conversão é supostamente transformação com uma apólice de seguro.

O fato de pensadores da política como Balibar e Brown recorrerem a um termo com conotação religiosa inegável a fim de explicar o que, para eles, representa nada menos do que dilemas políticos seculares tem certa relevância, creio eu. É como se houvesse algo que, pelo menos até agora, não conseguimos descrever de modo adequado sem esse vocabulário religioso e sua história. Como se houvesse certos tipos de transformação – tão desejados como temidos – que somente a conversão pudesse explicar, ou para os quais ela fosse a melhor analogia; ou que apenas a conversão pudesse provocar as associações mais reveladoras. Como se toda a noção de conversão fosse uma maneira de falar sobre o extremo da necessidade e do medo (o modo como queremos mudar e ser mudados nos diz algo sobre o que acreditamos que precisa ser mudado; e sobre o que está aí para ser mudado). Ou é como se, para ser legitimada, a conversão precisasse ser respaldada por alguma divindade – por uma figura onipotente e onisciente. Onde quer que haja conversão, há alguém que afirma saber o que está fazendo e o que é melhor para os outros. Mas saber no sentido mais absoluto do saber. As experiências de con-versão devem, por definição, dissipar o ceticismo. Em última análise, o que precisa ser convertido é a dúvida, a dúvida sobre aquilo para o qual alguém está sendo convertido; e dúvidas devem ser convertidas não em mais dúvidas – como pode ocorrer na educação liberal –, e sim em certezas. A conversão, pode-se dizer, trai certo terror do ceticismo. Só se pode ser convertido para um culto.

Tanto Balibar como Brown assumem, de um jeito ou de outro, abertamente ou não, um desejo de conversão. No caso de Balibar, isso surge na forma de um projeto político ativo de converter a violência destrutiva em alguma espécie de civilidade, apesar das conotações implicadas no termo. E, no caso de Brown, assume a forma de uma pergunta implícita: o que as pessoas – tanto as que receberam uma educação liberal como as outras – querem ao se converter à razão neoliberal? O que isso lhes oferece, do que isso as liberta, e que as deixa, nos deixa, prontas para a conversão? Assim, devemos fazer a pergunta (que, quase por definição, ninguém faz conscientemente a si mesmo): por que iríamos querer ser convertidos, seja à razão neoliberal ou a qualquer outra coisa? Por que essa poderia ser nossa forma preferida de mudança ou de mudar as coisas? Se não quisermos converter aquilo que Balibar chama de violência destrutiva, o que mais poderíamos fazer com ela? Se a conversão pode ser ao mesmo tempo uma solução e um problema – como é para Balibar e Brown –, para que tipo de trabalho a estamos usando? Afirmo que a ideia de conversão – o próprio termo em si, como ilustram Balibar e Brown – nos diz muito das formas preferidas e temidas de mudança e transformação; sobretudo, nos diz muito da avaliação moral da mudança, dos tipos de mudança que preferimos e por quê. E sobre o medo que sentimos de onde nosso ceticismo pode nos levar, ou de onde ele poderia nos levar se não houver freios para ele. É como assumíssemos que, sem conversão, resta o caos.

Se queremos uma representação das perplexidades suscitadas por essa palavra familiar, basta abrir o grande dicionário setecentista de Johnson – no qual ele define *to profit* [lucrar] como "obter vantagem" e *doubter* [cético] como "aquele que permanece na incerteza" – e ler as definições do verbo *to convert* [converter] na ordem em que ele as apresenta:

1. Transformar em outra substância; transmutar. 2. Mudar de uma religião para outra. 3. Passar de uma vida ruim para uma boa vida. 4. Voltar-se a qualquer ponto. 5. Aplicar a qualquer uso; apropriar-se. 6. Transformar uma proposição em outra, de modo que o que antes era o sujeito da primeira se torne o predicado da segunda (por exemplo, *Todo pecado é uma transgressão da lei; mas toda transgressão da lei é pecado* [...]).[17]

Dois enunciados neutros atingem seu ápice no terceiro, "passar de uma vida ruim para uma boa vida", que então é seguido por mais três enunciados neutros, embora a citação oferecida para o último seja sobre pecado. Esse é seguido por duas outras definições neutras: "*To Convert* [converter]: passar por uma mudança, ser transmutado" e "*A Convert* [um convertido]: pessoa convertida de uma opinião ou prática para outra" (isso tudo, vale notar, sem menção explícita à religião). *Conversion* [conversão] é tão somente uma palavra para mudança – apesar de, por vezes, ser de um tipo radical (no caso de *transmute* [transmutar], Johnson traz: "Mudar de uma natureza ou substância para outra") –, até que por fim revela ser uma mudança para melhor: "passar de uma vida ruim para uma boa vida". Tudo é inteiramente descritivo até se tornar dogmaticamente avaliativo. Para nós, hoje, eu diria que o termo é inequivocamente investido de carga moral, ao menos quando utilizado para falar de pessoas (seria interessante especular por que isso acontece). As pessoas só se convertem para aquilo que consideram ser a melhor vida, ou para o que aqueles que a convertem consideram ser a melhor vida. E, após se converterem com êxito, percebem em retrospecto que essa conversão era o que estava faltando [*wanting*]. Assim, a conversão lhes dá um passado e um futuro; revela do que eles tinham sido privados antes e o que estava faltando [*wanting*] (uma natureza

---

17   Cf. Samuel Johnson, *A Dictionary of the English Language*. London: W. Strahan, 1755. Disponível em: johnsonsdictionaryonline.com.

ou substância diferente), embora muitas vezes não se dessem conta. Além de dar forma ao futuro.

Portanto, precisamos agora nos voltar ao que deseja o desejo de conversão – por mais retrospectivo, por mais reconstruído que seja. Ou, retomando o relato de Wendy Brown, podemos nos perguntar depois de sermos convertidos à razão neoliberal – quando já não falamos sobre o bem nem indagamos por que valorizamos o que valorizamos, mas falamos simplesmente sobre (e em termos de) rentabilidade e dinheiro – o que faremos de nossos eus anteriores e de suas preocupações aparentemente abundantes, as quais, no fim, revelaram nunca terem sido o que realmente queríamos; as quais, de fato, eram um sinal de nosso empobrecimento irreconhecível, um falso reconhecimento de nossa natureza. A menos, é claro, que exista algo inconversível em nós, o que faria de nós ou agentes duplos – em parte convertidos à razão neoliberal e em parte dispostos violentamente contra ela – ou opostos a ela por completo e, portanto, provavelmente com muita violência. Nesse caso seríamos compelidos a encontrar formas opositivas de persuasão que não sejam conversão por outros meios; isso se tivermos, na expressão útil de Balibar, "a intenção de mudar a mudança". Como diz Balibar, a violência produz contraviolência; "a contraviolência", escreve ele, "se apresenta como secundária e, enquanto tal, uma reação legítima a uma 'primeira violência' geralmente apresentada como ilegítima",[18] e, da mesma maneira, podemos dizer que a conversão tende a produzir a contraconversão, que é uma reação ocasional ao que se entendeu como uma conversão inicial ilegítima. Não costumamos pensar na conversão como uma reação a uma conversão anterior, e talvez devêssemos fazê-lo, sobretudo se quisermos considerar alternativas à conversão, se é que existem; isto é, outras formas que preferimos para transformar os outros e sermos transformados por eles, bem como as razões que

---

18 É. Balibar, *Violence and Civility*, op. cit., p. 24.

podemos oferecer para tais preferências. Isso, é claro, depois de uma longa e conturbada história de experiências de conversão. Após Balibar, poderíamos dizer que a civilidade é um exemplo de conversão da violência, ou como uma forma disfarçada do que ele chama de crueldade; os convertidos sempre contam uma história de pureza e perigo a respeito do que, e às vezes de quem, precisa ser eliminado para sustentar a fé. Os convertidos são distintamente paranoicos; sempre sabem quem é o inimigo e, em geral, também o que deve ser feito com ele. A conversão aqui é outra palavra para bode expiatório.

Ou seja, a conversão também nos convida a falar sobre as formas como gostaríamos de influenciar e mudar uns aos outros (e a nós mesmos) se não estivermos buscando converter ninguém (poderíamos, por exemplo, pensar, ou talvez tenhamos pensado, na educação em artes liberais como uma alternativa à experiência de conversão; ou mesmo na arte – às vezes liberal – da psicanálise). A conversão nos convida ainda a considerar como imaginamos, como representamos, como descrevemos as mudanças significativas que acontecem conosco e com os outros. E isso não necessariamente ou tão somente com o objetivo de organizar de forma mais eficiente as mudanças que buscamos, como devemos fazer na vida política; mas também com o objetivo de permitir e explicar as mudanças indesejadas ou surpreendentes que talvez só valorizemos em retrospecto, ou que nos deixam perplexos, ou que não valorizamos de forma alguma (em uma das extremidades desse espectro se encontra o traumático e, na outra, a surpresa revigorante; a conversão está mais próxima da extremidade traumática). Pois a conversão, enquanto maneira de mudar as pessoas, tem objetivos e propósitos explícitos, por mais encobertas ou não intencionais que sejam suas intenções. A conversão é a mudança que supõe saber o que está fazendo, que sempre conhece de antemão seu próprio valor; ou melhor, quem converte sempre supõe, na verdade deve supor, que sabe o que está fazendo; está convencido da própria virtude. Portanto, ser convertido a algo é, como eu disse, confiar-se a uma figura onisciente, uma figura que sabe o que é melhor para você, o que constitui uma forma de conhecimento onisciente (saber o que é melhor para alguém presume um conhecimento desmesurado a respeito dessa pessoa e de si mesmo: um conhecimento por vezes útil na criação de filhos, mas, fora disso, suspeito). A pior coisa que podemos fazer à bondade é estarmos convencidos demais da nossa própria.

Portanto, ao considerar alternativas à conversão, estamos imaginando a ideia paradoxal de querer mudar a nós mesmos e aos outros, mas de formas imprevistas e imprevisíveis; formas que só podem ser avaliadas de modo prospectivo e retrospectivo, nunca definitivo ou final; em que a única avaliação possível é uma avaliação contínua (de modo que o termo "resultado", por exemplo, não teria sentido). Trata-se de imaginar mudar as pessoas, porém valendo-se de objetivos e metas na melhor das hipóteses conhecidos como meios em vez de fins e, no pior dos casos, como chamarizes; portanto, por exemplo, toda assim chamada cura seria apenas um estágio do que só poderia ser descrito com precisão como um experimento em que os critérios de sucesso estariam sempre evoluindo, transicionando para destinos futuros desconhecidos (os objetivos não seriam alvos; quereríamos ser curados de nossas curas). Talvez, então, o oposto da conversão seja o experimento; tradicionalmente, é o experimento da ciência empírica em conflito com a revelação religiosa, porém a definição de experimento de John Cage em seu livro *Silêncio* parece mais pertinente para meu propósito. "E aqui a palavra 'experimental' é adequada", diz Cage, "contanto que seja compreendida não como o descritivo de um ato a ser julgado posteriormente em termos de sucesso ou fracasso, mas simplesmente como uma ação cujo resultado é desconhecido."[19] A conversão depende de um resultado supostamente conhecido. As chamadas alternativas à conversão são um modo de falar sobre um desejo de

---

19 John Cage, *Silêncio*, trad. Beatriz Bastos e Ismar Tirelli Neto. Rio de Janeiro: Cobogó, 2019, p. 13.

mudança que não se orienta para um resultado conhecido, nem para uma teleologia (uma maneira de esclarecer isso seria dizer que não se gostaria de ir a um médico que desconhecesse o que é uma cura, mas talvez se quisesse ir a um psicanalista que não tivesse tanta certeza do que é uma cura). A mudança não seria idealizada à custa de seus objetivos e suas metas, mas incluiria a ideia simples e infinitamente complicada de consequências imprevisíveis, do futuro como algo que pode ser desejado, mas não projetado. Alvos que devem ser perdidos para serem atingidos.

A "civilidade" de Balibar e a "democracia liberal" diferente de Brown levantam a questão de como alguém pode ter valores dotados de profunda sustentação sem, digamos, tornar-se mais uma versão do inimigo ao tentar sustentá-los; de como seria demasiado fácil se tornar incivil e cruel ao defender a civilidade, ou demasiado instrumental e egoísta ao defender a democracia liberal e a educação que ela promove. É surpreendentemente difícil não se tornar seu próprio pior inimigo, evitar pagar na mesma moeda ou se tornar simétrico àquilo que se está enfrentando (intimidar os intimidadores e assim por diante). De modo que seria fácil crer que a conversão era, de certa forma, a única "cura" para a conversão. Ou talvez a própria noção de conversão – suas práticas e seus processos, suas premissas e suas promessas – possa nos dar pistas importantes sobre o que mais pode ser feito. Na verdade, uma pista sobre o que poderíamos chamar de formas não paranoicas de mudança, que não se organizam em torno da identificação de um inimigo (a mudança sem bodes expiatórios, sem expurgos). Mudanças nas quais há o que o psicanalista francês François Roustang chama de "um senso de distinção que de forma alguma pode ser transformado em domínio".

O termo usado por Emerson para designar uma alternativa à conversão é "provocação"; a alternativa de Freud é "associação livre". Ambas são maneiras de transformar a si mesmo e aos outros sem ser dominante, e abdicando do domínio (como se o domínio em si fosse algo ao qual fomos convertidos, uma resistência à mudança e, portanto, provavelmente parte do problema). Tanto nos escritos de Freud – como vimos anteriormente – como nos de Emerson, o termo "conversão" era uma palavra-chave. Creio que Freud, via Lacan (e Althusser), deve ter sido um dos provocadores do pensamento de Balibar, ao passo que Emerson foi um dos importantes precursores de Brown na busca por pensar uma nova democracia americana não escravizada e não exploradora.

II

Todo fato derradeiro é apenas o primeiro de uma nova série.
RALPH WALDO EMERSON, *Círculos*

Freud parte do pressuposto de que o paciente – o paciente psicanalítico – já passou por experiências de conversão. De fato, essa conversão é praticamente sinônimo de aculturação e adaptação. Se ele não tiver desenvolvido literalmente sintomas de conversão histérica, como diz Freud, terá, segundo a descrição psicanalítica freudiana, convertido ideias incompatíveis em outra coisa – sintomas, deslocamentos, sublimações, sonhos possíveis de serem sonhados – na tentativa de torná-las o mais inofensivas e o menos perturbadoras possível. No simples processo de crescer e tornar seu desejo compatível com sua sobrevivência psíquica, o indivíduo freudiano já é um convertido: convertido à aculturação pela aculturação: convertido tanto à civilização como a ser um de seus descontentes. A conversão aqui é uma falsa cura para a ambivalência.

A tentativa de Freud de curar parte do sofrimento aí envolvido é o que chama de "método da associação livre", no qual o paciente – e, de forma distinta, também o analista, por meio de sua atenção flutuante – suspende o ceticismo sobre seus próprios pensamentos e sentimentos com o objetivo de falar mais livremente. E esse ato de renunciar a determinados julgamentos sobre os próprios pensamentos e sentimentos – de suspender a censura interna – revela a enorme dimensão da incerteza do paciente sobre si mesmo. Onde antes havia convicção – "Eu sou o tipo de pessoa que..." – agora existem relatos conflitantes; onde antes havia objetos de desejo, agora há objetos diversos de desejo e, de fato, formas diversas de desejar; onde antes havia um eu, agora existe uma desordem recém-descoberta da qual a palavra "eu" parece não mais dar conta; onde antes havia memórias familiares, surgem lembranças encobridoras; onde antes havia um vocabulário preferido, aparecem vocabulários concorrentes. Pode-se dizer – adotando o vocabulário freudiano – que se trata de uma experiência de desconversão em que, se alguém é convertido a algo, é à complexidade infinita da própria mente, ao conflito interminável entre seus desejos urgentes (ele é convertido, em suma, a um ceticismo imaginativo sobre a própria ideia de conversão). E, portanto, a uma tomada de consciência de por que e de como alguém pode se sentir tentado, e sempre ter se sentido tentado, a limitar a própria mente, a simplificar a si mesmo, em parte devido à enorme dificuldade de conter multidões; multidões, isto é, desejos, tristezas, conflitos, crenças e prazeres. Isso porque, na visão de Freud, o desejo sempre excede a capacidade do objeto de satisfazê-lo, o desejo nos revigora ao nos pôr em perigo. A conversão torna-se, segundo essa concepção, um desejado estreitamento (e, assim, blindagem) do self, só que disfarçado como sua verdadeira revelação. O self defendido desloca sua contraparte. Desse modo, a psicanálise, em sua melhor forma, poderia talvez curar as pessoas de seu desejo de conversão, de seu desejo tanto de converter como de ser convertido. Ou talvez, de forma um pouco mais realista, a psicanálise nos convide a imaginar como seria uma vida não convertida. Ou a imaginar o que nos restaria após a experiência de desconversão que é a associação livre.

Em seu "'Psicanálise' e 'Teoria da libido' (Dois verbetes para um dicionário de sexologia)", de 1922, na seção intitulada "A 'regra técnica fundamental'", Freud explicou o que chamou de "procedimento da 'associação livre'":

O tratamento tem início convidando-se o paciente a se pôr no lugar de um auto-observador atento e desapaixonado, a ler apenas a superfície de sua consciência, obrigando-se, por um lado, à completa sinceridade e, por outro lado, não omitindo nenhum pensamento que lhe ocorra, mesmo quando: 1) sinta-o como algo muito desagradável; ou quando: 2) tenha de julgá-lo absurdo, 3) muito insignificante, 4) sem relação com o que se busca. Geralmente se verifica que precisamente as ideias que provocam as objeções mencionadas por último têm valor especial para se descobrir o que foi esquecido.[20]

É como se Freud estivesse dizendo que as experiências de conversão instalam um regime de censura – um conjunto infinito de pensamentos incompatíveis e rejeitados – e, assim, o psicanalista deve prestar atenção ao que é censurado bem como às formas que essa censura assume. É essencial para o projeto palpável da experiência de conversão assegurar a omissão de todas as ideias aparentemente desagradáveis, sem sentido, insignificantes e irrelevantes. Freud expõe a violência silenciosa e insidiosa da repressão; porém sem lançar mão de nada que se pareça com o vocabulário político, quando claramente descreve um regime interno opressor; um regime que pode lhe dizer – já lhe disse – o que é importante, de modo que você sempre já sabe de antemão. (Como se pode saber o que é importante para você antes de descobrir? Não podemos deixar de notar, por assim dizer, a onisciência dos censores implícita no relato de Freud: eles são como estetas insanos.) O que as conversões da vida contemporânea excluem – e a conversão é, por definição, seletiva e exclusiva – o tratamento psicanalítico irá reincluir. E aí a pergunta passa a ser: o que fazer com as ideias reincluídas? Ou, no vocabulário de Freud, depois que se descobre

---

20 S. Freud, "'Psicanálise' e 'Teoria da libido' (Dois verbetes para um dicionário de sexologia)" [1922], in *Obras completas*, v. 15, trad. Paulo César de Souza. São Paulo: Companhia das Letras, 2011, p. 175.

o que ele denomina "material esquecido", o que o analista faz com isso, para que serve? A seção seguinte do verbete "Psicanálise" nos "Dois verbetes" de Freud se intitula "A psicanálise como arte da interpretação".

Depois das desconversões da associação livre, deverá haver algum tipo de reconversão, ainda que seja apenas à psicanálise e a seu novo método de tratamento? O que o analista faz com as associações livres do paciente se tanto ele como o paciente resistirem à tentação de uma nova conversão, de uma conversão melhor? O método psicanalítico de Freud, em outras palavras, dramatiza uma questão sobre mudança e transformação – pessoal e política – assim como uma questão sobre interpretação. Até que ponto elas são conservadoras e o que conservam? Quando falamos em conversão, somos sempre confrontados com as alternativas a ela e a impressão que causam, em especial quando nos tornamos céticos em relação a conversões, ainda mais porque elas dependem da censura do ceticismo. Aquilo a que o convertido é convertido circunscreve de forma rígida as formas permitidas de dúvida. No fim das contas, só haverá mais do mesmo? "Não apenas eu não creio que as estruturas de dominação social – sejam elas econômicas, culturais ou sexuais – se dissolverão sozinhas", afirma Balibar,

como também não acredito que seja possível sempre evitar que suas consequências piorem sem violência, ou sem a violência emergente de uma força social que é objeto de uma forma de repressão também violenta. É precisamente por isso que considero tão importante, e tão relevante para o presente, entender – retrospectivamente e, portanto, prospectivamente – como 'civilizar' um movimento revolucionário de dentro para fora.[21]

---

21 É. Balibar, *Violence and Civility*, op. cit., p. 103.

Para Balibar, a verdadeira mudança é a mudança revolucionária; a repressão violenta, a dominação violenta e a exploração criaram a necessidade de uma revolução violenta, porém com a esperança, no meio do caminho, de trazer alguma civilidade, de civilizar um movimento revolucionário de "dentro para fora", como ele coloca. Freud, em uma escala talvez menor, também propõe uma restauração de ordem e um regime mais inclusivo, menos silenciador. Contudo, precisamos distinguir entre objetivos e metas organizados e excessivamente organizados, tanto para o dito revolucionário como para o paciente psicanalítico e seu analista. Ambos, é claro, alegariam saber o que queriam; ou pelo menos que acreditavam ser possível saber o que se quer (menos infelicidade, para começar). "Os pensamentos espontâneos do paciente", diz Freud em "A psicanálise como arte da interpretação", "como que aludiam, tateavam em direção a um tema determinado, e bastava arriscar apenas um passo adiante para se adivinhar o que estava oculto ao próprio paciente e poder comunicá-lo a este."[22]

A partir da aparente desordem da associação livre – do paciente dizendo sem censura tudo o que lhe vem à cabeça – "um tema determinado" vem à tona; o paciente se permite interromper seus temas e outro tema surge; ao desestabilizar os temas antigos, surge um novo tema (um novo tema que, claro, é muito antigo, reprimido). Mas poderia, por exemplo, haver algo além de temas na vida de uma pessoa (intensidades, talvez, ou afinidades)? E que serventia poderiam ter? Porque parece que é como se a psicanálise ajudasse o paciente a encontrar temas melhores; como se a conversão do analista e do paciente a temas – à ideia de que uma vida precisa ser tematizada – estivesse firmemente estabelecida. O paciente é visto como alguém que selecionou os temas errados e não como alguém que sofre por haver tematizado a si mesmo ou permitido que outros o tematizassem.

---

22 S. Freud, "'Psicanálise' e 'Teoria da libido' (Dois verbetes para um dicionário de sexologia)", op. cit., p. 175.

Será que deveríamos, então, ser convertidos a uma vida sem temas? De que outra forma poderíamos lidar com isso, caso essa descrição nos atraia? O que o analista ouviria se não estivesse ouvindo temas, se não estivesse em busca de temas reprimidos? Será mesmo, como sugere Deleuze, impossível conversar com um psicanalista porque ele sempre sabe do que você está falando? Para aliviar nosso sofrimento, temos de imaginar como seria conversar com alguém que não soubesse do que estamos falando, e imaginar por que isso poderia ser algo desejável. Conversar com os não convertidos.

É possível se valer de uma ideia à qual de certa forma não tenhamos sido convertidos? Se sim, de que maneira? Pode-se dizer que é isso que constitui o experimento radical da psicanálise. Assim, quando Balibar deseja civilizar uma revolução de dentro para fora, converter parte da violência da sociedade em civilidade, será que anseia por uma política engajada de maneira não engajada? Na minha opinião, Freud com certeza sugere – em parte por meio da negação, como ele mesmo talvez diria, mas também por meio da associação livre com que depara a atenção flutuante do analista – a possibilidade de uma relação consigo mesmo e com os outros que não se baseie na conversão; uma relação na qual a persuasão é o problema e não o propósito. De modo que só nos resta imaginar como seria uma política não persuasiva.

"De que servem, no campo intelectual", pergunta Freud nas *Conferências introdutórias à psicanálise* (1916–17), "as convicções apressadas, as conversões fulminantes, os repúdios momentâneos?"[23] Freud quer que criemos, no que ele chama de campo intelectual, tempo e espaço para pensar e falar; e, assim, para sermos céticos em relação aos imediatismos, e às certezas, e às rejeições envolvidos nas conversões. E, supostamente, envolvidos nas revoluções.

---

23 Id., *Conferências introdutórias à psicanálise* [1916–17], in *Obras completas*, v. 13, trad. Sergio Telarolli. São Paulo: Companhia das Letras, 2014, p. 189.

Acredite se quiser

I

Todas as coisas estão sujeitas ao tempo, além disso: não possuem uma identidade completa em si mesmas, estão sempre em processo de se tornar algo diferente e, assim, também em processo de não se tornarem coisa alguma.
DAVID BENTLEY HART, *A experiência de Deus*

Um homem de trinta e seis anos me conta, em uma sessão, que só teve relações sexuais com prostitutas. Pergunto, por que prostitutas? E ele responde: "Porque prostitutas são as únicas mulheres que meus pais nunca vão conhecer". Eu digo: "E se seus pais acabassem conhecendo uma mulher que você desejasse...?". Ele me interrompe: "Eles a converteriam, a tomariam para si, a sequestrariam, ela pertenceria a eles". Ele seria excluído, deixado de lado e roubado. O prazer seria todo deles. Para esse homem, os pais eram tão onipotentes, suas presenças tão vorazes – poderiam, como ele disse com ironia apavorada, "estar em qualquer lugar, nunca se sabe" – que ele precisava se esforçar ao extremo para garantir alguma dose de privacidade. E uma dose de privacidade era uma dose de desejo; ter um espaço mental que não fosse invadido pelos pais, para ser capaz de querer. É uma imagem dos pais como predadores de bens; eles precisam se apropriar de tudo e qualquer coisa que ele queira e valorize.

Esse homem, claro, disse muito mais coisas sobre seus pais, e sobre sua vida erótica. Mas, para os propósitos deste capítulo, quero destacar um ato duplo simples: os convertedores implacáveis (no caso desse homem, os pais tirânicos) e o observador impotente (o voyeur petrificado ou perplexo de um processo de conversão). Os convertedores implacáveis podem parecer ladrões, e os observadores impotentes talvez sintam que testemunharam um roubo em plena luz do dia. E há, então – no meio, por assim dizer –, a pessoa que está sendo convertida.

Esse cenário pode ser, e é, triangulado – existem os convertedores e a pessoa sendo convertida – e, nestas páginas, o eu (e o nós) assume a posição de testemunha da conversão. Somos os observadores mais ou menos impotentes, como meu paciente imaginava ser. Tal como esse homem, talvez não estejamos tão a salvo quanto gostaríamos. Por exemplo, como observadores, podemos nos identificar seja com os convertedores, seja com os convertidos; de fato, em casos extremos, a cena toda pode ativar questões profundas em nossas próprias histórias; nossas histórias de como nos moldamos e fomos moldados, transformados e embrutecidos por meio de nossas relações com os outros. Podemos ser como pessoas que voltam à cena do crime, que, às vezes, é o crime de as outras pessoas saberem o que é melhor para nós e, às vezes, é o de nós sabermos o que é melhor para elas. Pois, no drama da conversão, estamos, de certo modo, revivendo versões extremas de sedução, e de persuasão, e de pedagogia; de influenciar e ser influenciado; de pessoas mudando – por meio de um relacionamento com outra pessoa e seu grupo – não apenas suas mentes, mas suas vidas. Pessoas que rompem o feitiço da mudança biológica incremental e gradual; em nossas descrições de crescimento e desenvolvimento orgânicos, o que talvez tenhamos visto como um desdobramento torna-se uma ruptura, uma revolução, uma superação. Temos a experiência de ver, de ouvir a coisa como os participantes a imaginam. E "a coisa" é o efeito extraordinário que as pessoas podem exercer umas sobre as outras. É aí que reside nossa fascinação e nosso medo: o efeito da transformação.

A conversão é a troca que exige mudança, e afirma saber qual mudança é a necessária. Como descobrir que tipos de mudança poderíamos querer para nós mesmos? E como, se é que é possível, separar tais formas disponíveis de mudança daquelas que as outras pessoas querem nos empurrar goela abaixo? Uma cultura, entre outras coisas, é um repertório de formas desejáveis de mudança. E, então, claro, é preciso distinguir os fins desejáveis dos meios desejáveis: posso até não querer ser heterossexual – e sentir-me, no mínimo, ambivalente em relação a minha heterossexualidade –, mas será que desejo ser convertido à homossexualidade? Posso me interessar pelo islamismo, mas posso acreditar que a conversão ao islamismo poderia desviar ou até sabotar meu estudo dele. A outra coisa que se pode destacar na experiência de meu paciente – mas não apenas na dele, claro – é o medo da conversão como um processo de transformação. É notável que, na fantasia de meu paciente sobre os pais converterem ou sequestrarem qualquer namorada dele, ele imagina que ela não terá nenhuma agência, nenhum poder para resistir a seus pais; ou seja, ele atribui a ela o mesmo efeito inexorável que as palavras dos pais exercem sobre ele. Mas quem não teve pais cujas palavras fossem eficazes, ainda que não tão eficazes assim? O medo da conversão poderia ser descrito, portanto, como o medo de perder a cabeça, ou de perder o que quer que se imagine que regula e pensa sobre o efeito que as outras pessoas, e as palavras delas, exercem sobre nós. O que é, em parte, o apelo, a pungência da necessidade de acreditar nelas. Essa é uma das coisas que as pessoas fazem umas às outras, que crescemos com os outros fazendo a nós e aos poucos passamos nós mesmos a fazer, e que faz com que a conversão tenha tanto eco entre nós: tentamos fazer as pessoas acreditarem em nós e tentamos encontrar maneiras de lidar com o que acontece quando acreditam e quando não acreditam em nós.

Na busca por representações do que as pessoas podem fazer umas às outras (e umas pelas outras) – que é supostamente a função das ditas ciências humanas e da própria psicanálise –, a cena de conversão se assemelha ao que os psicanalistas, após Freud, chamam de cena primária. Ou melhor, talvez seja útil pensar na cena de conversão – imaginada de forma tão vívida por meu paciente – como sendo, de certo modo, análoga à cena primária, em que a criança testemunha ou imagina as relações sexuais de seus pais. "A explicação que dei para essa angústia", escreve Freud em *A interpretação dos sonhos*, "é de que se trata de uma comoção sexual com que seu entendimento [o da criança] não sabe lidar e que encontra repúdio também porque envolve seus pais, e por isso se transforma em angústia."[1] Ao descrever e explicar experiências de conversão, somos como a criança na cena primária de Freud, um tanto ingênuos e inexperientes: testemunhamos uma troca intensa – geralmente uma interação[2] verbal – que absorve os participantes e exclui todos os outros; e com a qual, até certo ponto, nossa compreensão não consegue lidar (ou você está dentro, vivendo a experiência, ou está fora, a uma distância insondável). A frase de Freud é traduzida de forma a sustentar a ambiguidade da excitação sexual; ela pode ser tanto da criança, como voyeur, quanto dos pais, como agentes. E, pela mesma razão, como voyeurs das experiências de conversão, podemos alternar entre a inveja e o horror, a excitação e a crítica, a provocação e o desânimo. Em

---

1 Sigmund Freud, *A interpretação dos sonhos* [1900], in *Obras completas*, v. 4, trad. Paulo César de Souza. São Paulo: Companhia das Letras, 2019, p. 583.

2 No original, *intercourse*, termo que remete a relação sexual (*sexual intercourse*). [N. E.]

outras palavras, assim como a cena sexual, a cena de conversão pode nos deixar sem chão, buscando uma posição satisfatória, por assim dizer. Ela organiza em excesso e perturba nossa atenção. É tão desconcertante que sentimos necessidade de tirar conclusões sobre ela. Estimula e confunde nosso desejo por conhecimento, nossa busca por refúgio. Segundo Jean Laplanche e Jean-Bertrand Pontalis, na esteira do gosto de Freud por generalizações, na cena primária "o coito é compreendido pela criança como um ato de agressão do pai".[3] Os não convertidos podem pensar na conversão como um ato de violência. Portanto, devemos nos perguntar o que imaginamos que está sendo violado. Os não convertidos podem pensar na conversão também como roubo e perda, assim como a criança se sente roubada e privada dos pais quando eles desfrutam de suas vidas eróticas juntos.

Acredito que esse homem se identificava com prostitutas porque as via como pessoas que não podiam ser apropriadas (não haviam sido convertidas pelo sexo; podiam ser compradas, mas não possuídas). Para ele, prostitutas eram pessoas que dissociaram sexo e apego e, por isso, nunca sofreriam com a perda. E ele enxergava os pais como pessoas que tomavam aquilo – e tomavam conta daquilo – que pertencia aos filhos (como pessoas que não podiam ser convertidas pelos filhos, a quem possuíam sem haver comprado). Ele localizou o desejo de converter, tomar, sequestrar, possuir – uma lista interessante – nos pais dele. Mas o que isso fazia dele? Sua resposta foi: "Um agente livre", alguém que não desejava nem converter, nem ser convertido. Eu disse: "Um agente livre do quê?"; e ele respondeu imediatamente, para sua ligeira perplexidade: "Livre para ser livre"; depois qualificou dizendo: "Livre para não ter que me preocupar com ser livre". Ele não queria, segundo disse, "ser nem a droga, nem o traficante".

---

3 Jean Laplanche e Jean-Bertrand Pontalis, *Vocabulário de psicanálise*, trad. Pedro Tamen. São Paulo: Martins Fontes, 1991, p. 63.

Para meus propósitos, trata-se de um nexo de associações produtivo: conversão, invasão, posse, vício. Esse homem, acredito, está se perguntando sobre os vínculos entre essas coisas, tal como deveria, e nós também; ele está tentando elaborar uma alternativa, nas relações humanas, a este conjunto de elementos: conversão, invasão, posse, vício. São todos formas de aprisionamento e, no relato dele, são exclusivamente malignos. Isso reflete de maneiras interessantes o dilema moral criado pela conversão, porque os convertidos, assim como suas contrapartes não convertidas, estão comprometidos com o que antigamente se chamava de "o bem". Ou, para colocar de forma um pouco diferente, as pessoas só se convertem ao que acreditam ser mais importante para elas. Nesse sentido, os convertidos justificam a crença de Sócrates de que só se busca o bem. "Ninguém", Platão descreve Sócrates dizendo em *Protágoras*, "se dirige voluntariamente às coisas más ou àquelas que presume serem más, tampouco pertence à natureza humana, como é plausível, desejar se dirigir às coisas consideradas más, preterindo as boas. Quando se é constrangido a escolher entre dois males, ninguém escolherá o maior, se lhe é possível escolher o menor."[4] O convertido segue em direção ao que considera bom e tende a não pensar que está escolhendo o menor de dois males. Nessa versão, o bem é irresistível, ainda assim existem bens concorrentes. Todos estão em busca do bem, mas ninguém consegue concordar a respeito do que é o bem. Nessa visão, todos têm boas intenções (podemos dizer do convertedor: "ele tinha boas intenções"). Aqueles que convertem as pessoas estão promovendo o bem, o bem deles; estão promovendo a virtude, a virtude deles.

Por isso, Donald Winnicott, pediatra e psicanalista inglês do século XX de cepa dissidente, afirma, em um livro apropriadamente intitulado *O brincar e a realidade*, que a loucura é a necessidade

---

4 Platão, *Protágoras de Platão* [c. 380 AEC], trad. Daniel R. N. Lopes. São Paulo: Perspectiva/Fapesp, 2017, p. 523.

de que acreditem em nós. Seria loucura, então, ter necessidade de que os outros acreditem em nossa versão do bem? O que fazer com nossa própria virtuosidade? Se não queremos converter os outros para a coisa que mais valorizamos, isso significa que, no fundo, não a valorizamos ou, pelo contrário, que a valorizamos? Ou significa que não a valorizamos mais do que valorizamos as outras pessoas e seus pontos de vista dissidentes? Se não sentimos a necessidade de que acreditem em nós, o que mais deveríamos ou poderíamos ter necessidade de receber dos outros? Trata-se de uma questão de dependência, como insistiria Winnicott. Como a conversão costuma vir de fora – não costumamos falar de pessoas convertendo a si mesmas: pensamos na conversão como o resultado do relacionamento com outra pessoa –, talvez seja útil entendê-la em termos da dependência e de suas vicissitudes.

Winnicott diz com isso, de maneira extraordinária, que depender de outras pessoas para acreditarmos em nós é um sinal de nossa (temporária) loucura; isto é, sinal de algo incompreensível e extremamente perturbador, sinal de infelicidade e de privação profundas. Como meu paciente, Winnicott acredita que somos ameaçados tanto pelas pessoas que desejam nos converter (em primeira instância, nossos pais ou, na linguagem winicottiana, dito de forma mais precisa, a parte enlouquecida de nossos pais) como por nosso desejo de converter e ser convertido (talvez um meio de cuidar das pessoas, ou aplacá-las, seja acreditando nelas ou persuadindo-as; acreditando que as crenças e os cultos são os hospitais psiquiátricos de seus líderes). Winnicott, claro, fala aí de forma oblíqua sobre seu medo da psicanálise – em especial da psicanálise kleiniana – como terapia de conversão. Os que acreditam na conversão acreditam em certezas intratáveis e, na esteira isso, vem a suposição de que apenas as certezas são confiáveis. As pessoas só se convertem para o que acreditam que poderá apoiá-las. A formulação marcante de Winnicott nos permite, no mínimo, questionar como a dependência e a incerteza podem caminhar juntas: fica evidente que nossa dependência da incerteza – nossa dependência do ceticismo – será bem diferente de nossa dependência do que tomamos como garantido (Deus, a natureza, o líder, a ideologia, a psicanálise, a mãe e assim por diante). Em outras palavras, para Winnicott, a questão do desenvolvimento para todos nós é: como eu posso depender de alguém cuja confiabilidade nunca se pode garantir? Disso até a ideia de fé é uma linha reta, bem como até a equação entre acreditar em alguma coisa e depender dessa coisa.

A dependência é sempre um experimento com a afinidade de pensamento. Assim, Winnicott talvez esteja perguntando, a seu próprio modo psicanalítico, quais seriam as condições para nossa necessidade de que acreditem em nós e o que tememos que aconteça quando isso não ocorre. Ou, posto de outro modo: se dependemos de que creiam em nós, o que configura essa dependência? Questões como essa podem nos ajudar a esclarecer as diferenças entre conversão, vício, aprisionamento e posse, bem como entre quaisquer alternativas a elas nas relações humanas. Vale notar que a conversão, o vício, o aprisionamento e a posse são todas formas de consistência, que se tornam opções sedutoras, ainda que malignas, quando ou se a consistência se vê igualada a confiabilidade, fiabilidade ou confiança.

Winnicott propõe a capacidade de se surpreender como uma alternativa à necessidade de que acreditem em nós; uma abertura à surpresa – desejar a surpresa seria parte integrante, em sua visão, de uma dependência realista e revigorante de qualquer coisa ou pessoa. Segundo essa perspectiva, o que ou quem quer que se disponha a ser objeto da crença alheia seria avaliado segundo sua tendência de minimizar a surpresa (é o que Charles Lamb apontou ao escrever, com ambiguidade acolhedora, que "é bom amar o desconhecido"). Winnicott propõe aí, à maneira protestante, que devemos depositar nossa fé no que não nos é possível conhecer. É como se dissesse – embora isso possa ser uma pergunta – que não podemos nos converter ao que desconhecemos. Conversão seria o termo errado.

Acreditarem em nós, para Winnicott, poderia ser redescrito, então, como ser aceito em seus próprios termos; e a necessidade de que acreditem em nós é, no extremo, a necessidade de viver em um mundo sem os outros (sem a dependência, a troca e o potencial para o jogo e a incerteza, que Winnicott acredita serem constitutivos de uma boa vida). Se você precisa que acreditem em você, vai precisar viver em um mundo de conluios e cúmplices (para meu paciente, isso significa mulheres como prostitutas). Em uma experiência de conversão, o desejo de mudar alguém usurpa o desejo da troca; o desejo de fazer acontecer algo específico acaba com a possibilidade da surpresa. Pode-se dizer que os convertidos delimitam suas possibilidades de se surpreender, evitando aquilo que consideram ser um choque irrelevante e perturbador com o novo. A conversão é, portanto, a tentativa de eliminar o ceticismo, ou pelo menos de colocá-lo em seu devido lugar. Quando Winnicott afirmou de forma célebre que é muito mais difícil de lidar com a saúde do que com a doença, escuto-o dizer que estar doente é como passar por uma experiência de conversão: restringe nossa mente, ordena em excesso nossa atenção e impõe seus próprios limites. Na saúde, não temos nada para nos proteger além do medo de nossa própria liberdade.

É possível, então, enxergar o trabalho de Winnicott como uma tentativa (no interior da psicanálise e em uma reação à história da psicanálise, mas não apenas a ela) de refletir sobre a necessidade de que acreditem em nós, de descobrir se existe outra coisa que as pessoas possam fazer juntas além de tentar converter umas às outras (o termo técnico psicanalítico para conversão era "identificação"; o termo político era "imperialismo"). Winnicott busca compreender o que a psicanálise poderia ser para além de uma experiência de conversão, mas usando a linguagem psicanalítica para levantar questões que ultrapassam seu domínio restrito. Se o pragmatismo de William James nos encoraja a apenas acreditar em algo quando isso nos convém – ou, nos termos de Richard

Rorty, apenas quando nos ajuda a alcançar a vida que desejamos –, podemos ver Winnicott utilizando a psicanálise de forma pragmática e implicitamente nos incentivando a fazer o mesmo. Ou seja, incentivando-nos a usá-la – e, por extensão, a usar sua própria obra e a de todos os outros – apenas quando e onde isso nos for útil, em vez de como algo ao qual tenhamos sido convertidos e que precisemos reafirmar o tempo todo (a conversão garante e justifica suas próprias repetições preferidas). O problema dos psicanalistas (e para os psicanalistas) sempre foi precisar acreditar na psicanálise. O problema de todos nós é que sempre tivemos de acreditar no que certas pessoas nos disseram (a começar por nossos pais). O que podemos fazer com as palavras dos outros se não precisamos acreditar nelas, quando essa é uma pressão à qual podemos resistir? Para algumas pessoas, a conversão (a necessidade de que acreditem em nós) tornou-se o ideal negativo das trocas humanas, aquilo que a conversa cotidiana tenta evitar ou manter à distância. Pelo mesmo motivo, precisamos de boas descrições sobre como as pessoas podem mudar umas às outras; precisamos entender um pouco a respeito das descrições que persistiram: em termos mais simples, descrições das pessoas exercendo o que alguns consideram um bom efeito sobre as outras, e exercendo o que alguns considerariam um efeito ruim.

Quero comparar e contrastar algumas passagens conhecidas de Sócrates sobre a educação n'*A república* de Platão com algumas análises menos conhecidas sobre perversão sexual feitas pelos psicanalistas americanos Arnold Cooper e Robert Stoller. Para sustentar seus argumentos, as duas análises se veem obrigadas a dizer algo sobre a conversão e sugerem implicitamente um ponto simples, porém revelador: ser convertido é querer tornar-se igual a outra pessoa. Em termos psicanalíticos, trata-se de um processo de identificação. É desviar-se de algo ou alguém e voltar-se para algo ou alguém diferente.

II

Em outro mundo as coisas são diferentes, mas, cá embaixo, viver é mudar, e ser perfeito é ter mudado com frequência.
J. H. NEWMAN, *Um ensaio sobre o desenvolvimento da doutrina cristã*

Rowan Williams, em uma definição contundente do que sugere ser o aspecto "terrível" daquilo que chama de "religião ruim" – "uma forma de nos ensinar a ignorar o que é real" –, oferece uma pergunta disfarçada de resposta. Na "resposta saudável" à religião, diz ele, "um dos testes da verdadeira fé, em oposição à religião ruim, é verificar se ela nos impede de ignorar as coisas". A fé, continua, "é fé no sentido mais pleno, e é mais plena de vida, quando abre nossos olhos e revela um mundo maior do que imaginávamos – e, é claro, por isso mesmo, um mundo um pouco mais assustador do que esperávamos. O teste da verdadeira fé é o quanto ela permite que vejamos e o quanto nos impede de recusar, resistir ou ignorar aspectos do que é real".[5]

Para os secularistas, a definição de fé de Williams – ela abre nossos olhos para um mundo maior do que imaginávamos, impede a recusa, a resistência e a ignorância em relação ao real – poderia facilmente ser aplicada ao estudo de literatura ou filosofia e psicanálise. Na verdade, Williams faz uma descrição excelente dos objetivos da educação liberal, e é revelador que isso apareça em um discurso sobre a boa religião. Poucas pessoas hoje admitiriam querer algo que as levasse a fechar os olhos ou a enxergar um mundo menor e mais restrito. E, no entanto, ele nos lembra por que estamos sempre sentindo a tentação de estreitar nossa mente; um mundo maior do que imaginávamos é "um mundo um pouco mais assustador

---

5 Rowan Williams, *What is Christianity?: Little Book of Guidance*. London: SPCK, 2015.

do que pensávamos" (o cuidado pastoral transparece na expressão, e gracioso eufemismo, "um pouco"). Se um mundo maior é um pouco assustador, pensar constitui uma forma de regular esse medo.

Em *What is Christianity?* [O que é o cristianismo?], ao discutir a fé e a boa religião, Williams não parece tentar converter ninguém; somente argumenta pelo valor do cristianismo. Mas que tipo de pessoas seríamos se recusássemos o valor e os valores da boa religião que ele promove? Se fôssemos favoráveis a ignorar coisas, recusar e resistir a aspectos do real? Ele sabe que proteger esses valores não é exclusividade do cristianismo, porém somos desafiados – como costuma acontecer em textos persuasivos e envolventes – a nos perguntar o que estamos fazendo e que tipo de pessoa somos quando resistimos à conversão ou quando concordamos com ela, mas não nos vemos como convertidos. Afinal, abrir nossos olhos é uma metáfora recorrente e persistente da conversão. A questão é: quando seus olhos se abrem, você enxerga mais do que é real e verdadeiro ou apenas algo diferente, que antes não via, mas que determinado grupo considera essencial? Dizendo de forma direta: será que os convertidos são melhores empiristas ou melhores crentes? Será, por fim, que conseguem ver o que está bem a sua frente ou será que veem aquilo que alguém precisa que vejam? E como conseguem distinguir uma coisa da outra, se é que conseguem?

É didático descrever aqueles que se convertem – a religiões, ideologias, ideias, causas – como pessoas que desejam se parecer, o máximo que puderem, com outra pessoa. Se fosse o tipo de coisa passível de ser formulado, seria como se dissessem a si mesmas: "Quero ser o tipo de pessoa que lê poesia. Quero ser o tipo de pessoa que faz revoluções. Quero ser o tipo de pessoa que mata infiéis e vai para o paraíso". Quando Williams escreve sobre o evangelho, fala do desejo do cristão em potencial de ser – o que significa, ao menos em um primeiro momento, ser como – certo tipo de pessoa. "A revelação que nos convida a mudar", diz ele, "faz parte do que é o evangelho. Mas é mais do que isso, pois a revelação em si revela uma ação de amor para a qual somos convidados e com a qual somos convidados a cooperar. Venha e veja. Venha e veja se é possível abandonar esse eu ansioso e destrutivo diante da promessa de uma beleza radiante; se é possível ser trazido à vida dessa maneira."

Mais uma vez, poderíamos dizer que estamos recebendo uma proposta – amar e não ser ansioso nem destrutivo, experimentar uma beleza radiante – que pareceria indelicado rechaçar. Contudo, em seu nível mais básico, trata-se de uma proposta simples: pareça-se o máximo possível com Jesus (Jesus é a imagem de sua melhor versão; sua melhor versão é aquilo a que você deve aspirar). Queira o que Jesus quer e não o que você pensava querer (a conversão é sempre a conversão da vontade). A questão, portanto, não é por que queremos o que os outros querem – o que mais poderíamos fazer, de que outra forma quereríamos? –, mas *quem* escolhemos como modelo, e *por quê*. Por que queremos o que Mao, Beyoncé ou Freud querem? Por que eles? Em uma de suas formulações memoráveis sobre esse tema, Freud diz que queremos aquilo que não podemos ter. Devemos acrescentar a isso que, como ninguém pode, de fato, possuir outra pessoa – incorporá-la de tal forma a se transformar nessa pessoa –, resta apenas ser como ela. De início, os pais e a família são nossos objetos de atenção e desejo (organizamos nossa atenção e nosso desejo em torno deles); depois, aos poucos, ampliamos esse alcance (passamos a nos afeiçoar e desejar ser como pessoas que estão fora da família, e esse momento, em que a criança encontra prazer fora do núcleo familiar, é marcante). Mas esse "ser como", esse processo e esse projeto inevitáveis de identificação (e aqui estou tomando a identificação, o desejo de "ser como", como o termo cotidiano para conversão) cria dois extremos interessantes que eu gostaria brevemente de abordar.

De um lado, há a compulsão de se identificar, na forma de uma autocura de experiências traumáticas. Se não fosse uma contradição em termos, poderíamos dizer que se trata da conversão na ausência de alternativas, da conversão como uma questão de vida ou morte (a identificação com o agressor – transformar-se na pessoa que lhe faz mal – é o exemplo emblemático). Mas o que a psicanálise chama de perversão sexual – que é ela mesma uma identificação com o agressor – é aqui o meu exemplo de conversão nascida de uma necessidade aparente; em uma solução dita perversa, a criança torna-se, em sua cabeça, como a mãe que a atormenta, a fim de sobreviver a seus cuidados torturantes. Eis a identificação – o "ser como" – tanto enquanto compulsão quanto como algo essencial para a sobrevivência. Do outro lado, há a alternativa radical: o desejo de se tornar alguém com quem ninguém poderia se parecer, e que supostamente não se parece com mais ninguém (as duas coisas podem caminhar juntas, mas nem sempre). São pessoas que querem impressionar sem o desejo de converter, para quem a questão mais importante não é a conversão. Pode-se dizer que elas nos oferecem muito, mas nada a que possamos ser convertidos. De fato, exemplificam como a conversão constitui uma forma de desconhecimento, como o desejo de se converter é um equívoco terrível acerca do problema que se espera que a conversão resolva. Na realidade, trata-se do próprio problema disfarçado de solução; é a conversão como má-fé, como sintoma, como fuga de si por meio do autoengano. A diferença, portanto, está entre aqueles que, consciente ou inconscientemente, incentivam-nos a ser como eles, ou forçam-nos a imitá-los por medo ou intimidação, e aqueles que, por falta de um termo melhor, inspiram-nos a nos tornarmos nós mesmos, a nos tornarmos quem mais pudermos ser. Desse modo, existe nosso desejo, ou nossa necessidade, de nos identificarmos com os outros, e a pressão que os outros que escolhemos podem exercer sobre nós para que sejamos como eles.

III

*O que faz o animal? Ele nos lembra que viver
e morrer é o que devemos fazer.*
DOROTHEA LASKY, *Animal*

Em *The Art of Living* [A arte de viver], o filósofo Alexander Nehamas
descreve Sócrates como um novo tipo de modelo para Montaigne,
Nietzsche e Foucault. Para esses filósofos, Sócrates representava
não apenas um ideal positivo e negativo mas também um modelo
essencialmente enigmático e paradoxal, e, por esse motivo, inspirador. Nehamas sugere que isso se dá, em parte, devido tanto ao
que ele denomina "o silêncio" de Sócrates – que praticamente não
disse nada sobre si mesmo e não deixou textos próprios – quanto
pela maneira como Platão o descreve praticando a filosofia. Nehamas apresenta Sócrates como um filósofo desprovido de método
definido, mas cuja forma peculiar de trabalhar era, simultânea e
inextricavelmente, uma maneira de ser ele mesmo. Sua célebre
ironia e anonimato – sua resistência a impor leis e sua constante
investigação sobre elas – são uma provocação curiosa (ele não é
Cristo, suas diretrizes sobre como devemos viver são relativamente
não restritivas). Sócrates promove seu projeto pela busca da virtude
e da razão expondo a ignorância de seus interlocutores – bem como
sua própria e a nossa – a respeito dessas questões fundamentais.
Em suma, ele introduz um novo tipo de conversa sobre as coisas
que nos são mais caras; diz-nos que coisas podem ser essas, depois
nos mostra como é curiosamente difícil chegarmos a conclusões
confiáveis sobre elas. Assim, em certo sentido, ele não detém uma
doutrina ou um conjunto de crenças que possamos simplesmente
adotar, e até mesmo quando, de fato, propõe-nos algo – a condução
de uma vida racional e boa –, oferece um futuro aberto, não circuns-
crito. Ao menos é essa a leitura de Nehamas e, independentemente
de ser precisa ou não, ela permite entrever algo muito interessante

sobre Sócrates e a influência que exerceu sobre alguns dos filósofos posteriores a ele. Nehamas assim diz sobre Montaigne, Nietzsche e Foucault:

O que mais lhes importava não era o tipo específico de pessoa que Sócrates se tornou, mas o fato de ter feito algo novo a partir de si mesmo, constituindo-se como um tipo inédito de pessoa. O que extraíram de Sócrates não foi o modo específico de vida que ele moldou para si, seu eu específico, mas sua capacidade de autoconstituição em geral. Sócrates é o protótipo do artista da vida porque, ao deixar absolutamente indeterminado o processo que seguiu, ele também apresenta seu produto final como não vinculante; um procedimento diferente, com materiais diferentes, pode criar outra vida e ainda assim fazer parte do projeto dele. Imitar Sócrates é, portanto, criar a si mesmo, tal como ele mesmo o fez, mas é também tornar-se diferente de qualquer outra pessoa até então e, como isso inclui o próprio Sócrates, é tornar-se diferente de Sócrates também. É por essa razão que ele pode servir de modelo para os artistas da vida individualistas e estetas, cujo principal propósito é não se parecer com ninguém.[6]

Sócrates é um exemplo de alguém que formou a si mesmo; ele é uma versão exemplar do que significa ser exemplar. Não diz "seja como eu", em parte porque, na leitura de Nehamas, há bem pouco nele que se possa imitar. Nos textos de Platão, testemunhamos apenas alguém fazendo algo de forma singular e os efeitos que isso exerce sobre seus interlocutores e leitores. Podem existir platonistas, mas não "socráticos". "O que Montaigne aprende com Sócrates", afirma Nehamas, "é que o seguir significa ser diferente

---

6 Alexander Nehamas, *The Art of Living: Socratic Reflections from Plato to Foucault*. Oakland: University of California Press, 1998, p. 11.

dele."[7] Ou seja, não se trata de ser nem como ele nem o oposto dele – como em uma experiência de conversão positiva ou negativa –, mas de ser outra pessoa, si mesmo. E Sócrates não nos diz como fazê-lo; ele nos mostra, exemplifica no próprio ato de fazer. Mas o que ele, ou melhor, Platão nos mostra é como ele era ele mesmo, sua maneira de ser ele mesmo, o modo como ele performava quem era; Platão faz isso ao re-apresentar [*re-presenting*] Sócrates em um texto escrito. E Nehamas nos convida a observar que, para esses filósofos, foi libertador o fato de Sócrates não fornecer nenhuma pista real sobre com quem se identificou ao se tornar quem era. Sócrates esconde, absorve ou digere suas influências – por quem e pelo que foi formado –, daí transmite a impressão de ser inédito. Não idolatra heróis; ele não se vangloria nem faz declarações sobre quem ou o que o moldou. Não está sempre tentando ser diferente, ser outra pessoa. Podemos dizer que se trata de uma alternativa à conversão ou, quem sabe, uma forma radicalmente diferente de conversão.

Por exemplo, quando Sócrates discorre sobre a educação n'*A república*, vale-se de uma linguagem que hoje associamos à conversão, porém com um tom completamente diferente:

> A educação não é de nenhum modo o que alguns proclamam que ela seja; pois pretendem introduzir o conhecimento que nela não existe, como alguém que desse a visão a olhos cegos [...] o presente discurso mostra que, em relação a essa capacidade inerente à alma de cada um e ao órgão com qual se aprende, semelhante a olhos que só pudessem voltar-se com o corpo inteiro das trevas para a luz, este órgão também deve desviar-se com a alma toda daquilo que nasce, até que se torne capaz de suportar a visão do ser e do que há de mais luminoso no ser [...]. A educação é, portanto, a arte que se propõe

---

7 Ibid., p. 13.

este fim, a conversão da alma, e que procura os meios mais fáceis e mais eficazes de operá-la; ela não consiste em dar a vista à alma, pois que esta já o possui; mas com ela está mal disposta e não olha para onde deveria, a educação se esforça para levá-la à boa direção.[8]

A palavra "conversão" significa, segundo o Dicionário Oxford da língua inglesa, "rotação, giro, retorno". A imagem que, com frequência, vemos associada a ela é a de uma mudança de percepção. Sócrates diz que a educação é a arte que possibilita tal giro. Ninguém está em falta de nada, está apenas direcionando-se, apenas olhando, para a direção errada. Obviamente, se há uma direção certa para se olhar, então existe algo semelhante a uma conversão em jogo. Trata-se, porém, de uma conversão peculiar: uma conversão para permitir olhar corretamente e não para o que se deveria estar vendo. Ser convertido ao tipo certo de olhar – a olhar na direção certa – diz-nos muito pouco sobre aquilo que pode ser visto. A filósofa Nancy Bauer afirma no ensaio "On Philosophical Authority" [Sobre a autoridade filosófica]:

> A conversão proposta por Sócrates no Livro VII d'*A república* não é uma conversão de fé. É uma mudança da inconsciência para a reflexão, do dogmatismo para o autoescrutínio, do hábito para a deliberação. Lançar-se a esse tipo de conversão não diz respeito a adotar uma nova perspectiva sobre o mundo de uma vez por todas, mas a entender a si mesmo como estando à margem de uma necessidade infinda de descoberta do que a racionalidade exige de cada um, individualmente, no pensamento e na vida de cada um. [...] Para a concepção socrática, o talento especial do filósofo, seu papel singular no mundo, não é produzir argumentos que reforcem uma posição ou outra sobre determinado tema, argumentos que podem ser empacotados e vendidos aos interessados em falar sobre apenas

---

8 Platão, *A república de Platão* [c. 375 AEC], trad. J. Guinsburg. São Paulo: Perspectiva, 2014, pp. 269–70.

um dos lados da razão [...], mas compreender a racionalidade como algo que cada indivíduo deve descobrir dentro de si e para si mesmo, em seu próprio tempo, em seus próprios termos.[9]

Tanto Sócrates como Bauer, em seu comentário, recorrem à linguagem da conversão. No relato de Bauer, que é notavelmente complementar ao de Nehamas, o conceito de conversão deve ser reformulado para descrever um novo tipo de experiência de conversão. O que Bauer propõe é uma conversão a um modo de fazer as coisas – a racionalidade socrática, a maneira de Sócrates de se valer da racionalidade, de ser racional – que só possui valor se for apropriado de uma maneira inteiramente pessoal: a racionalidade, segundo ela, "que cada indivíduo deve descobrir dentro de si e para si mesmo, em seu próprio tempo, em seus próprios termos". Ao contrário de Nehamas, Bauer quer que sejamos um pouco como Sócrates, porém quer que, na verdade, sejamos nós mesmos sendo um pouco como Sócrates. Ele não exatamente nos ensinou no que acreditar, mas como acreditar. Deu-nos algo que, por definição, não nos constrange à aceitação. Seria possível discordar das ideias de Sócrates sobre educação e, ainda assim, ser alguém bem mais interessante do que se discordasse da visão cristã de Rowan Williams sobre a boa vida. De fato, a racionalidade de Sócrates opera no campo do desacordo, ainda que seja um desacordo civilizado. Identificar-se com Sócrates é bastante diferente – e apresenta consequências muito distintas – de identificar-se com Cristo. Se você se identifica com Cristo, eventualmente saberá, em certa medida, onde está e, em certa medida, quem você é (em sua melhor e pior versão); se você se identifica com Sócrates, terá um caminho, mas não uma verdade ou uma vida. Ou melhor, a verdade que então terá é que a melhor vida é aquela na qual você se

---

9 Nancy Bauer, "On Philosophical Authority", in *How to do Things with Pornography*. Cambridge/London: Harvard University Press, 2015, pp. 118–19.

torna você mesmo, torna-se racional a sua própria maneira; uma vida na qual a imitação se vê reduzida ao mínimo ou disfarçada. Isso, pelo menos, é do que tentam nos convencer Nehamas e Bauer, cada qual a sua maneira. Podemos escolher fazer escolhas, podemos nos moldar a partir do modo singular como utilizamos nossos modelos. A imitação pode ser um suicídio, conforme escreveu Emerson,[10] mas há formas de identificação que podem ser enriquecedoras, que podem nos oferecer mais, e não menos, da vida que é nossa.

Precisamos ser convertidos à vontade de ser nós mesmos, ao ato de imaginar nosso eu como algo que não se reduz simplesmente – e exclusivamente – a nosso conjunto de identificações. Como podemos ser como outras pessoas de um modo que nos permita ser mais como nós mesmos? Se Sócrates dá alguma pista – alguma indicação de uma história de conversão diferente: uma história de se converter em alguém que não busca uma conversão –, talvez possamos aprender tanto quanto, se não mais, com as situações em que a conversão é tão necessária que parece praticamente automática, algo situado além de nosso poder de escolha: uma necessidade urgente, uma questão de vida ou morte. O tipo de identificação capaz de salvar vidas, mas que também pode destruí-las. Ao sermos convertidos, somos convertidos para algo que, até o momento da conversão, era a vontade de outra pessoa. Porém a psicanálise mostra que podemos nos identificar antes mesmo de saber com o que estamos nos identificando, que, na linguagem dos adultos, podemos ser convertidos e nos convertermos ainda na infância; de modo que podemos ser convertidos sem saber a que nos convertemos, ou mesmo sem saber que passamos por uma conversão. De fato, um dos processos que podem ocorrer durante uma terapia psicanalítica é começar a despertar para reflexões sobre as identificações inconscientes que vêm moldando nossa existência desde a infância. Conversões

---

10 Ralph Waldo Emerson, *Self-Reliance*. Mount Vernon: The Peter Pauper Press, 1967, p. 8.

que ocorreram antes de sermos capazes de concebê-las como conversões, antes que a própria palavra sequer existisse para nós. E seria algo característico do pensamento psicanalítico sugerir que, se o que chamamos de conversão tem raízes na infância – e costuma surgir do desespero –, ela pode nos ajudar a compreender de maneira mais profunda as experiências comuns de conversão da vida adulta. Se a infância fornece o modelo inicial, quais seriam, então, as revisões e reformulações da conversão ao longo da vida adulta?

IV

Experimente em vez de significar e interpretar!
GILLES DELEUZE e FÉLIX GUATTARI, *Mil platôs*

Em certa tradição psicanalítica, as chamadas perversões sexuais são consideradas uma autocura do indivíduo para os traumas dos primeiros cuidados maternos, partindo do pressuposto de que o bebê e a criança pequena experimentaram e imaginaram um conflito insuportável na relação com a mãe, levando a adaptações que se tornam soluções perversas na puberdade, por vezes antes. Vale ressaltar que as perversões são consideradas aberrações ou desvios de uma norma consensual que foi aceita por determinado grupo de pessoas; a dificuldade dessas classificações se evidencia ao lembrarmos que, até pouco tempo, muitos psicanalistas consideravam a homossexualidade uma perversão. Perversão, é claro, em relação à norma da heterossexualidade ou ao sexo genital heterossexual; o termo é usado para reforçar certo essencialismo, certo preconceito. Sem as descrições da sexualidade normativa, não haveria um uso compreensível para a palavra "perversão" (que literalmente significa "desvio do correto ou da verdade"). Uma das maneiras de descrever uma experiência de conversão seria, logicamente, como uma mudança de norma, uma alteração de pressupostos básicos, uma revisão radical de preconcepções; um desvio para o correto ou a verdade. Vale a pena, portanto, refletir sobre o que é necessário para que uma narrativa normativa sobre a sexualidade seja substituída por outra, tanto do ponto de vista cultural como pessoal.

No entanto, na tradição psicanalítica que quero discutir, as chamadas perversões funcionam como dispositivos aos quais a criança recorre para sobreviver àquilo que vivencia como uma dependência da mãe capaz de ameaçar sua própria vida. Nessa narrativa – que corre o risco bastante real de se tornar apenas mais uma história em que a mãe sai como a culpada –, a mãe é o tipo de pessoa de quem é perigoso depender. Na versão em que a mãe não leva a culpa, ela se torna como é por razões compreensíveis, relacionadas às dificuldades da própria história (a culpabilização da mãe sempre lhe nega uma história própria ou põe nela a culpa por essa história). A criança não pode se dar ao luxo de depender de maneira tão passiva quanto, de fato, depende dessa mãe imprevisível; assim, constrói o que, na linguagem psicanalítica, chamam-se soluções perversas. Tais defesas buscam desumanizar a mãe com o objetivo de controlá-la na fantasia. Essa desumanização, diz Arnold Cooper em "The Unconscious Core of Perversion" [O centro inconsciente da perversão],

> é realizada por meio do uso de três fantasias específicas [...]. Todas elas são tentativas de recusar a experiência de ser o bebê indefeso e necessitado, à mercê da mãe frustrante e cruel. Primeira fantasia: "Não preciso ter medo porque minha mãe, na verdade, não existe; ou seja, ela está morta ou é mecânica, e eu estou no controle total". Segunda fantasia: "Não preciso ter medo porque estou além do controle da minha mãe maliciosa, pois eu mesmo não sou humano – isto é, estou morto e sou incapaz de sentir dor – ou sou menos que humano, um escravo que só pode ser afetado, nunca afetar". Terceira fantasia: "Eu triunfei e tenho controle total porque, não importa quais crueldades minha mãe-monstro esmagadora e castradora inflija a mim, posso extrair prazer disso e, portanto, ela (uma

'coisa') simplesmente obedece a minha vontade". Diferentes combinações dessas três fantasias inconscientes [...] anulam a passividade ao recusar o controle materno sobre o sujeito enquanto ser humano, ao converter defensivamente o passivo em ativo e extrair prazer do fato de estar sendo controlado. Essas três fantasias recusam que a mãe tenha machucado ou possa machucar a criança. Em essência, o bebê diz: 1) Ela não existe, 2) Eu não existo, 3) Eu a obrigo – agora uma "coisa" não humana – a me dar prazer.[11]

Há três conversões aqui, todas as quais se dão na fantasia, na mente da criança, pois não podem existir de nenhuma outra forma; a criança é indefesa e, portanto, não pode mudar a realidade, deve viver na própria mente. A mãe viva é convertida em uma mãe morta (ou seja, inofensiva), o self sofredor é convertido em um self mortificado e insensível ao sofrimento e o sofrimento infligido pela mãe a esse self é convertido em prazer. Porém a conversão primária, que possibilita todas as outras, é aquela em que, segundo Cooper, "a criança converte defensivamente o passivo em ativo"; ela converte – isto é, reinterpreta para si mesma – aquilo que suportou com passividade em algo que orquestrou de maneira ativa. Desse modo, ela assume triunfalmente o controle. Torna-se, na fantasia, como a mãe: aquela que tem poder. Eis a conversão como mágica; quando o mundo vivenciado é insuportável, é convertido, por meio do desejo, não apenas em um mundo suportável, mas em um mundo extremamente prazeroso. A conversão aqui não substitui apenas uma realidade por outra; ela redime a realidade existente: é a conversão como alquimia psíquica. A conversão surge quando algo considerado imutável e intolerável precisa ser transfigurado. Em tal ficção, uma parte do self converte outra parte (no que poderia ser descrito como uma antecipação das

---

[11]   Arnold Cooper, "The Unconscious Core of Perversion", in G. I. Fogel & W. A. Myers (orgs.), *Perversions & Near Perversions in Clinical Practice: New Psychoanalytic Perspectives*. Binghamton: Vail Ballou Press, 1991, p. 24.

cenas posteriores de conversão): o convertedor diz "Quando você experimentar o máximo de terror e desamparo, finja ser imensamente poderoso". E a parte convertida do self se torna, então, alegremente megalomaníaca e, à primeira vista, invulnerável em seu império recém-descoberto. O convertido é sempre, em algum nível, um hedonista triunfante. Ele extrai o prazer máximo.

A conversão é motivada por algo insuportável – uma mãe que frustra em excesso, neste caso; conversão é a palavra usada aqui, pois algo extremo, algo radical, algo total, é necessário. Um novo mundo prazeroso deve ser criado na imaginação a partir das ruínas de uma perseguição intolerável. Mas tal experiência de conversão aparentemente inventada para si – ou melhor, a experiência infantil que os teóricos adultos descrevem como conversão – é, em essência, um ato de vingança. Portanto, vale sempre a pena perguntar: onde está a vingança na conversão? O que está sendo vingado? O psicanalista Robert Stoller, ao definir a perversão como "a forma erótica do ódio", enfatiza o que ele enxerga como a hostilidade presente nos atos sexuais perversos, e que também se pode reconhecer nas experiências de conversão. "A hostilidade na perversão", diz ele, "assume a forma de uma fantasia de vingança oculta nas ações que compõem a perversão e serve para converter o trauma infantil em triunfo adulto."[12]

Por que os homens dominam as mulheres de forma compulsiva? Porque se sentiram dominados por suas mães na infância. De fato, seria possível, embora desnecessariamente rude, enxergar a identidade masculina – e talvez a identidade feminina de maneira diferente – como uma conversão do trauma infantil em triunfo adulto (a misoginia é sempre triunfalista). Contudo, nesse relato, a sobrevivência depende do que se poderia chamar de capacidade de conversão. E a ironia – se ironia não for um termo brando demais – é que, nessa solução perversa, nessa conversão necessária, o homem

---

12 Robert Stoller, "The Term Perversion", in G. I. Fogel & W. A. Myers (orgs.), *Perversions & Near Perversions in Clinical Practice*, op. cit., p. 37.

apenas se transforma em uma versão da mulher que ele odeia e teme (o dominado se torna a dominatrix). A identificação com a mãe cruel e frustrante se torna compulsória, à primeira vista inevitável. E, então, torna-se demasiado fácil para o homem culpar a mulher por convertê-lo, por despertar o pior nele, por transformá-lo em algo que ele preferiria não ser. O que não fica claro, para usarmos a linguagem da conversão, é quem converteu quem. Nesse relato psicanalítico, descreve-se a criança como tendo sido submetida a uma conversão forçada; idealmente supõe-se que ela não gostaria de ter de fazer essa escolha, de se converter à solução perversa.

De uma perspectiva histórica, a ideia da conversão organizou – até demais – as imagens e as descrições das mudanças dramáticas e significativas que enfrentamos na vida. Mesmo a partir dessas considerações breves, percebemos como e por que se pode desconfiar das experiências de conversão e buscar diferentes imagens e descrições de como mudar. Percebemos, de fato, o porquê da conversão, em si mesma, ser capaz tanto de fascinar quanto de horrorizar, como mais um obscuro objeto do desejo. A ciência, claro, é convencionalmente apresentada como a maior esclarecedora dos obscuros objetos do desejo. De modo que, talvez, nessa história excessivamente familiar, seja na ciência empírica – naquilo que se denomina, em uma expressão reveladora, de crença baseada em evidências – que devamos investir e, com isso, enfim adquirir crenças supostamente purgadas das percepções distorcidas pelos desejos. Talvez a experimentação – do chamado método científico experimental até o processo mais comum de experimentar as coisas – seja o antídoto ou a alternativa para as experiências de conversão, para as mudanças momentosas de crença que constituem as mudanças de vida. Ou será que a experimentação – incluindo-se aí o próprio método científico – é somente mais uma coisa à qual podemos ser convertidos? As pessoas certamente não tendem a pensar que estão fazendo um experimento com as experiências de conversão, mesmo quando, em última análise, é isso que estão fazendo.

120 ACREDITE SE QUISER

Coda

"As pragas", comenta Hugh Trevor-Roper de passagem em *A formação da Europa cristã*, "podem ter importância decisiva na história."[1] Quer ou não a covid seja uma praga ou algo do gênero, estamos no processo gradual de descobrir o tipo de mudança decisiva que ela trouxe às nossas vidas, e o tipo de decisões que queremos tomar a respeito disso. É bastante difícil saber que tipo de Europa – na verdade, que tipo de mundo – restará após essa devastação. Mas podemos ter certeza de que, apesar do desejo e da capacidade das pessoas de retornar ao assim chamado normal, as ondas de choque, os efeitos colaterais do vírus, serão sentidos por gerações. Aqueles de nós que sobreviveram se tornarão, entre outras coisas, os que sobreviveram.

Vimos o gerenciamento da sobrevivência diária, e vimos – vivemos – o efeito completamente imprevisível e postergado do trauma. Tivemos de colocar em suspenso as ideias realistas sobre o futuro, porém uma coisa de que podemos ter certeza é um futuro no qual iremos constantemente descobrir e enfrentar as consequências do vírus. Ele foi um exemplo salutar e apavorante, se é que

---

[1] Hugh Trevor-Roper, *The Rise of Christian Europe*. London: Harcourt, Brace & World, 1965, p. 54.

precisávamos de um, do quanto o mundo natural e as ideologias políticas impõem mudanças significativas em nossas vidas. Expôs nossa vulnerabilidade natural de criaturas naturais e o caos brutal da cultura capitalista. Deixou-nos excessivamente expostos ao reconhecimento daquilo que talvez sejamos incapazes de mudar – o vírus aqui como uma espécie de herói darwiniano, ou ácido universal, que lutamos para derrotar e conter – e daquilo que agora consideramos ser imperativo mudar com urgência. A enormidade da ameaça nos colocou diante do que é talvez mais importante agora, e nos lembrou disso. O vírus é tanto uma coisa em si como uma analogia de outros contágios mortais – basicamente, claro, a misoginia, o racismo e a exploração, nosso terror da empatia e nossa fobia da gentileza e da compaixão – que nos intimidam todos os dias e com os quais nem sempre sabemos como lidar. E nem sempre queremos fazê-lo.

Este livro foi escrito antes da devastação causada pela covid e antes que a ideia de que algo parecido pudesse ocorrer conosco, ao menos no abastado Ocidente. É possível que, quando uma mudança catastrófica nos aflige, com todo o sofrimento que dela decorre, tenhamos a oportunidade de nos tornar mais aptos e abertos a considerar, e discutir, e ensejar o tipo de mudança que ambicionamos, o tipo de mudança que percebemos como indispensável para obter a vida que queremos. Porém, para tanto, devemos resistir à tentação de voltar ao normal, agora que conseguimos ver com mais clareza aquilo em que a normalidade nos envolveu. E, de fato, quem decide o que consideramos normal.

Agradecimentos

Os capítulos deste livro foram apresentados como palestras na Universidade de York, em versões diferentes, e, como sempre, agradeço o retorno atento de colegas e alunos, que me ajudaram a seguir refletindo sobre meu trabalho. Como de costume, Hugh Haughton teceu comentários esclarecedores sobre o texto. O primeiro capítulo foi apresentado na forma de uma fala em uma conferência em Londres, mais uma vez diante de uma plateia bastante atenta.

Judith Clark continua sendo, sempre, a pessoa inspiradora e encorajadora que torna minha escrita possível e prazerosa – entre muitas outras coisas.

Sobre o autor

ADAM PHILLIPS nasceu em Cardiff, no País de Gales, em 1954. Em 1976, graduou-se em letras na Universidade de Oxford; pouco tempo depois, iniciou sua formação analítica e a análise com M. Masud Khan, que duraria quatro anos. Passou a atuar como psicanalista de crianças em 1981, integrando instituições como o Institute of Child Psychology, a Hampstead Clinic, a Tavistock Clinic e o departamento de psiquiatria infantil do Middlesex Hospital, em Londres. Entre 1990 e 1997, foi o principal psicoterapeuta de crianças do Charing Cross Hospital. Após dezessete anos de trabalho na rede pública de saúde do Reino Unido, passou a atender em consultório particular. Em 2003, tornou-se editor-chefe das traduções de Freud da coleção Penguin Modern Classics e desde 2006 é professor visitante no Departamento de Letras da Universidade de York. É membro da Royal Society of Literature, da Association of Child Psychologists, da Guild of Psychotherapists e da Society for Psychoanalysis and Psychoanalytic Psychology, além de colaborador da *London Review of Books*, do *Observer* e do *New York Times*.

OBRAS SELECIONADAS

Winnicott [1988], trad. Breno Longhi. São Paulo: Ubu Editora, 2025.
Sobre desistir, trad. Breno Longhi. São Paulo: Ubu Editora, 2024.
On Getting Better. London: Penguin, 2021.
The Cure for Psychoanalysis. London: Confer/Karnac, 2021.
Attention Seeking. London: Penguin, 2019.
Becoming Freud. New Haven/London: Yale University Press, 2014.
One Way and Another. London: Penguin, 2013.
Missing Out. London: Hamish Hamilton, 2012.
On Balance. London: Hamish Hamilton, 2010.
(com Barbara Taylor) *On Kindness*. London: Hamish Hamilton, 2009.
Going Sane. London: Hamish Hamilton, 2005.
Monogamy. New York: Knopf Doubleday, 1999.
On Flirtation. Cambridge: Harvard University Press, 1994.
On Kissing, Tickling, and Being Bored. Cambridge: Harvard University Press, 1993.

TÍTULO ORIGINAL: *On Wanting to Change*
© Adam Phillips, 2021
Publicado pela primeira vez no Reino Unido em 2021 por Hamish Hamilton, um selo da Penguin Books

© Ubu Editora, 2025

IMAGEM DA CAPA © Everton Ballardin & Marcelo Zocchio, *Virar a mesa*, 2025. Da série Pequeno Dicionário Ilustrado de Expressões Idiomáticas (1999–).

Edição Gabriela Ripper Naigeborin
Preparação Lucas Vasconcellos
Revisão Pedro Siqueira
Design Elaine Ramos
Composição Julia Paccola
Produção gráfica Marina Ambrasas

Equipe Ubu

Direção editorial Florencia Ferrari
Direção de arte Elaine Ramos; Júlia Paccola [assistente]
Coordenação Isabela Sanches
Editorial Gabriela Ripper Naigeborin e Maria Fernanda Chaves
Comercial Luciana Mazolini e Anna Fournier
Comunicação/Circuito Ubu Maria Chiaretti, Walmir Lacerda e Seham Furlan
Design de comunicação Marco Christini
Atendimento Cinthya Moreira, Vic Freitas e Vivian T.

UBU EDITORA
Largo do Arouche 161 sobreloja 2
01219 011 São Paulo SP
ubueditora.com.br
professor@ubueditora.com.br
❑ ⊙ /ubueditora

Dados Internacionais de Catalogação na Publicação (CIP)
Elaborado por Odilio Hilario Moreira Junior – CRB-8/9949

P558s Phillips, Adam [1954–]
Sobre querer mudar / Adam Phillips; traduzido por
Ana Carolina Mesquita. Título original: *On Wanting to
Change*. São Paulo: Ubu Editora, 2025. 128 pp.
ISBN 978 85 7126 222 5

1. Psicanálise. 2. Filosofia. 3. Psicologia. 4. Política.
5. Religião. I. Mesquita, Ana Carolina. II. Título.

2025-2364   CDD 150.195 CDU 159.964.2

Índice para catálogo sistemático:
1. Psicanálise 150.195 2. Psicanálise 159.964.2

Fontes Platform e Tiempos
Papel Pólen bold 90 g/m²
Impressão Margraf